D1721440

Antonia Haugwitz

Nachruf auf eine Katze
und andere Geschichten
von Menschen und Tieren

Antonia Haugwitz

Nachruf auf eine Katze

und andere Geschichten von Menschen und Tieren

mit Illustrationen von
Brigitte Karcher

EOS

Die Deutsche Bibliothek – CIP Einheitsaufnahme

Haugwitz, Antonia:
Nachruf auf eine Katze : und andere Geschichten
von Menschen und Tieren / Antonia Haugwitz. –
Sankt Ottilien : EOS-Verl., 2002

ISBN 3-8306-7108-3

INHALTSVERZEICHNIS

Die Taube Gwendolin

Den alten Herrn Kommerzialrat hatte ich ehrlich gesagt nur aus Mitleid zum Nachmittagskaffee eingeladen, nicht ohne vorher meine Freundin Charlotte zu fragen, ob sie etwas dagegen hätte.

»Dein geschätzter Wohnungsnachbar Hallodri«, spöttelte sie, »er wird in meiner Gegenwart halt wieder auf ›Was-bin-ich-für-ein-smarter-Bursche‹ machen. Na, mir kann's recht sein.«

Ich stellte mich also einmal mehr auf heftige Wortgefechte zwischen den beiden ein. Kommerzialrat Halledauer, wie der Hallodri in Wahrheit hieß, war noch nicht lange Witwer und gab seiner altersbedingten Einsamkeit gerne die Maske harter Mannhaftigkeit, das wusste ich genau. Vielleicht tat ihm ein kleines Streitgespräch mit Charlotte an diesem Nachmittag wieder ganz gut.

Aber es kam anders. Aus dem Anfangsgeplänkel erwuchs im wahrsten Sinne des Wortes eine Geschichte, die den alten Herrn – oder gerade ihn – ganz offensichtlich berührte.

Wie wir auf das Thema kamen, könnte ich gar nicht mehr sagen. Möglich, dass uns eine Fernsehsendung darauf brachte, die einer von uns gesehen, oder ein Buch, das jemand gelesen hatte, eine Schlagzeile, die uns allen dreien ins Auge gesprungen war – kurz, es stellte sich die Frage, wie Menschen in früheren Zeiten mit Tieren im Allgemeinen umgingen und welche

Veränderungen das Mensch-Tier-Verhältnis in den letzten 40, 50 Jahren erfahren hatte: Veränderungen aufgrund anderer Lebensverhältnisse, anderer Sozialstrukturen, unter dem Einfluss von Psychologie, Psychotherapie, ja sogar von Film und Fernsehen. Wir stimmten überein, dass der Mensch noch nie so viele Informationen über exotische oder bedrohte Tierarten bekommen konnte und dass Tiere noch nie in der Geschichte der Menschheit sosehr von der Wissenschaft gemartert und anderseits derart vermenschlicht und als Kuscheltiere missbraucht wurden wie heute.

Allmählich langweilte das Gespräch unseren alten Herrn, es war ihm wohl zu theoretisch und – wie ich von früheren Kaffeestunden mit Charlotte und ihm wusste – er hätte sich wohl von ihr eine Liebes- oder Scheidungsgeschichte erwartet, darüber ließ sich dann so trefflich streiten und die eine oder andere Stichelei anbringen.
Genau bei Charlottes Behauptung, Tiere gehorchten zwar anderen Lebensgesetzen als der Mensch, seien aber durchaus als unsere Partner anzusehen, nickte der Kommerzialrat ein, ich glaubte sogar ganz leise Schnarchtöne zu hören. Charlotte dagegen merkte weder das Fehlen eines Widerspruchs noch die leisen Schnarchtöne, sie berief sich auf den Schöpfungsbericht, in dem es doch heiße: Gott der Herr segnete Mensch *und* Tier, und sie eiferte sich, das oft zitierte »Macht euch die Erde untertan« werde auch heute noch völlig falsch interpretiert als Auftrag an die Menschen: zu herrschen, zu benützen und zu miss-

brauchen. Als Charlotte – vielleicht ein wenig lauter als vorher – darauf bestand, dass Tiere genauso wie der Mensch eine Seele hätten und daher unsterblich seien, wurde Herr Halledauer wach und tat natürlich, als habe er ohnedies alles gehört. Weil das ja nicht stimmte, bat er diplomatisch, Charlotte solle doch mit Hilfe einer Geschichte erläutern, was sie meine, denn, so setzte der schlaue Fuchs hinzu, sie erzähle ja so hinreißend. Das war eine galante Übertreibung, aber Charlotte schrieb wirklich für die Unterhaltungsseite einer Wochenzeitung manchmal ganz passable Erzählungen.

*

Der Einstieg, den sie nach kurzem Überlegen fand, gefiel dem alten Herrn; er zwinkerte mir freudig und verständnisvoll zu, als Charlotte begann:
Ich hatte eine ganz reizende Nachbarin. Um genau zu sein – und das ist für die Geschichte nicht unwichtig –, Frau Klee wohnte nicht neben, sondern über mir. Unsere Bekanntschaft begann am Tag meines Einzugs in die Wohnung, in der ich seit etwa zweieinhalb Jahren lebe. Die Möbelpacker waren eben abgezogen, als es an der Tür läutete.
»Ich bin Ihre obere Nachbarin«, sagte die zierliche alte Dame mit einem schüchternen Lächeln und überreichte mir etwas Rotblühendes, »ich wünsche Ihnen viele glückliche Stunden in Ihrem neuen Heim. Wenn Sie etwas brauchen, läuten Sie bei mir. Ich bin Frau Klee und fast immer zu Hause.«

Ich stammelte etwas von »netter Überraschung« und »sehr aufmerksam«, aber in Wahrheit war ich zutiefst gerührt über den unverhofften Besuch, über das Hilfsangebot eines völlig fremden Menschen und natürlich über den kleinen roten Weihnachtsstern; er war für mich der Erste in diesem Jahr und draußen war ein düsterer Dezembertag. Das alles stand in einem so krassen Gegensatz zum Chaos in meiner neuen, unvertrauten Wohnung, dass ich am liebsten losgeheult hätte.

Frau Klee war wirklich eine Dame. Das verriet ihre elegante, ein wenig altmodische Kleidung ebenso wie die klangvolle, gewählte Sprache und bewundernswert beherrschte Gebärden. Irgendwann in ihrer Jugend hatte sie Gesangs- und Schauspielunterricht genommen, erwähnte sie einmal so nebenbei. An Feiertagen lud sie mich regelmäßig zum Kaffee ein, wenn ich gerade alleine daheim war, manches Mal auch an Sonntagen. Sie erzählte dann gerne von ihrem Haus am Stadtrand, das sie besessen hatte, als ihr Mann noch gesund war, von ihren eigensinnigen Katzen, dem Dackel Wastl, vom Obsteinmachen und der anstrengenden und doch erfüllenden Gartenarbeit. Es waren keine großen Ereignisse, aber sie schilderte das alles mit so viel Wärme und Farbe, dass sie es mit mir zusammen nochmals erlebte.

Weniger gern und in eher kargen Worten erzählte sie davon, wie sie Haus und Garten verkaufen musste und hierher in diese Wohnung zog, um sich ganz der Pflege des kranken Mannes widmen zu können. Er hatte beim Sturz über eine Treppe schwerste Kopfverletzungen erlitten, die von einer Stunde zur anderen aus einem lebensfrohen und stets tätigen Menschen eine lebende Marionette machten. Wie eine Marionette bewegte er sich, ruckartig, stumm und unfähig, aus eigener Kraft einen Löffel zum Mund zu führen oder sich anzukleiden. Er schien nichts und niemanden mehr wahrzunehmen und wurde nur unruhig, wenn seine Frau das Zimmer verließ, sodass sie faktisch in freiwilliger Gefangenschaft mit ihm lebte, verbunden mit der Außenwelt lediglich durch einen mäßig funktionierenden städtischen Hilfsdienst.

In der langen Zeit des Siechtums ihres Mannes – fünf Jahre – hatte sie so gut wie alle Kontakte zu Freunden und Verwandten verloren. Die Art seines Leidens hielt jeden Außenstehenden von längeren Besuchen ab, dann auch von kürzeren, man erkundigte sich lieber telefonisch, bis man auch das sein ließ, angeblich, um nicht zu stören. Kinder hatte das Ehepaar nicht.

Ich bewunderte Frau Klee sehr: Wenn sie von diesen fünf Jahren sprach, wurde sie nie bitter, verurteilte nie die peinlich Berührten, sie zeigte im Gegenteil viel Verständnis für die Scheu und die Hilflosigkeit der Menschen vor einer solchen Krankheit. – Am meisten aber bewegte es sie, wenn sie von ihren Tieren erzählte und wie sehr sie diese entbehrt hatte während der schweren Pflege, die ihr kaum Zeit ließ, auf die Straße zu gehen oder ein paar Minuten müßig aus dem Fenster zu schauen.

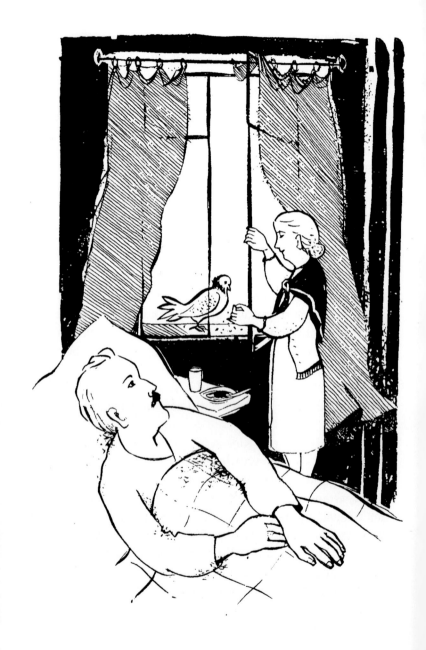

Freilich fand sie auch darin wieder etwas Positives, denn sie hatte durch diese Beschränkung gelernt, kleinen und kleinsten Begebenheiten ihre Aufmerksamkeit zu schenken und noch am Einfachsten Freude zu haben. – Unser Haus hat einen begrünten Hof mit einem mageren Kastanienbaum, und seine Verwandlung im Laufe des Jahres oder der Stand der Sonne über den Dächern war ihr eine liebevolle Betrachtung wert; sie beruhigte mit mahnenden Worten die Amseln, die in den Ästen stritten, und fand es gar nicht so störend, wenn die Kater in lauen Nächten herzerweichend miauten, es hatte eben auch in dieser kleinen Welt alles seine Zeit. Was sie auf diese Weise sah und hörte, berichtete sie dem kranken Mann, obwohl er durch keinerlei Regung erkennen ließ, dass er sie verstand. »Aber«, sagte Frau Klee an solchen Nachmittagen, »ich musste reden, ich hatte einfach Angst vor meiner eigenen Sprachlosigkeit.«

Eines Mittags im Winter saß Gwendolin auf dem Fensterblech und äugte nach Taubenart ins Wohnzimmer, wo Frau Klee den Kranken fütterte. Der scharfe Wind blies in Gwendolins Gefieder und ließ sie beinahe biblisch erscheinen, so schilderte jedenfalls Frau Klee den ersten Auftritt der ungewöhnlichen Taube. Sie flog nicht auf, als sich das Fenster einen Spaltbreit öffnete, trippelte nur ein wenig zur Seite und dann zu den Reiskörnern, die eine behutsame Hand ihr gestreut hatte. Als der Futterplatz leer war, äugte sie noch ein paarmal mit verständigem Blick ins Zimmer und auf die Spenderin – »so, als wollte sie sich bedanken«, sagte Frau Klee – und hob dann lautlos ab.

Von da an kam Gwendolin pünktlich zur Mittagsstunde, pickte die vorbereiteten Reiskörner auf, trippelte noch ein wenig auf dem Fensterblech hin und her, beides in einem zarten Stakkato, nickte Frau Klee zu und flog davon.
»Wieso eigentlich ›Gwendolin‹?«, fragte ich, »das ist doch ein seltsamer Name für eine – Straßentaube!«
»Sie ist weiß und hat einen schwarzen Federkragen«, lächelte Frau Klee, »sehr vornehm sieht das aus. Für mich war sie vom ersten Augenblick an eine verzauberte Prinzessin, die von weit, weit her kam, um mir Mut zu geben. Deshalb nannte ich sie Gwendolin, die Weiße. Wir haben eine ganz geheimnisvolle Verbindung, wir zwei. Und«, setzte sie leise hinzu, »auch mein Mann muss das Besondere an ihr gefühlt haben, denn er hat sie einmal – ein einziges Mal«, betonte sie, »ganz fest angesehen, obwohl sein Blick doch sonst immer ins Leere ging und er durch Dinge und Menschen hindurchstarrte. Auch durch mich«, schloss sie in trüber Rückschau.

Was sollte ich dazu sagen? Es sei ein Wunder gewesen und die Straßentaube vielleicht eine Botin des Himmels? Mit Wundern tat ich mich immer ein bisschen schwer und schob sie gerne von mir als Auswüchse menschlicher Fantasie. Also lenkte ich ab und fragte: »Wahrscheinlich gab's in grauer Vorzeit eine Königstochter, die Gwendolin hieß?«

»Möglich«, antwortete Frau Klee etwas abwesend, »es ist aber nicht wichtig. Den Namen hörte ich in der Bretagne, auf einer wunderschönen Reise mit meinem Mann, vor unglaublich vielen Jahren ... Mein Leben besteht ja nur mehr aus Erinnerungen.«

Ich widersprach ihr nicht. Sie war alt und der Mann war tot.

Frau Klee faltete die Hände in ihrem Schoß: »Ja, und als wir dann erlöst waren, beide, er und ich, da kam Gwendolin nicht nur im Winter ans Fenster, auch im Frühjahr, im Sommer – bis heute besucht sie mich fast jeden Tag.«

»Man soll freilebende Vögel doch nur im Winter füttern«, sagte ich und fühlte sehr wohl, wie unpassend mein Tadel war; aber ich kann es nun einmal nicht leiden, wenn rührende Begebenheiten mich zum Weinen bringen wollen.

Frau Klee lächelte voll Nachsicht. »Sie bekommt jetzt« – wir hatten gerade Frühling – »auch nur drei oder vier Körner, damit sie weiß, dass sie willkommen ist. Sie ist ja keine Bettlerin, sondern ein lieber Besuch. Manchmal freilich« – Frau Klee lachte leise –, »manchmal ist sie richtig unhöflich. Dann hockt sie bloß auf dem Fensterblech und döst vor sich hin.«

– und verdaut kräftig, dachte ich, die Beweise dafür fanden sich ja unübersehbar auf *meinem* Fensterblech im Stockwerk darunter! Das sagte ich Frau Klee natürlich nicht, dafür fragte ich besorgt: »Kommt sie denn nicht ins Zimmer, wenn das Fenster offen ist?«

»Nie«, versicherte Frau Klee, »dazu ist sie viel zu bescheiden. Obwohl – sie ist so zahm geworden, dass ich ganz nahe an sie herankommen darf. Ich lehne dann am Fenster und rede zu ihr, und sie antwortet mit einem zärtlichen ›Grugru‹ ...«

Als ich einmal um Mittag grad auf einen Sprung bei Frau Klee oben war, den Anlass habe ich vergessen, da *sah* ich das Wundertier, die Taube Gwendolin, mit eigenen Augen. Sie hatte wirklich diesen schwarzen Federkragen und auf den Flügeln ein paar schwarze Punkte.
»Ist sie nicht schön?«, flüsterte Frau Klee mir zu. Ich sah nur, dass sie genau so verkrüppelte rote Beinchen hatte wie die meisten alten Sraßentauben.

»Gwendolin besucht mich jetzt mehrmals am Tag«, sagte Frau Klee im vergangenen Frühjahr, das mit seiner unnatürlichen Schwüle vielen älteren Menschen zu schaffen machte. »Sie kommt nachschauen, ob ich noch lebe. Sorgt sich um mich, das Dummerchen. Als wäre ich nicht schon längst auf die Zukunft eingestellt.«

Ich fand das alles reichlich übertrieben und zweifelte an der Verlässlichkeit der Wahrnehmung bei alten Leuten. Außerdem: sich um einen Menschen *Sorgen* machen, das kann kein Tier. Kein Hund, keine Katze und noch viel weniger eine gewöhnliche Taube. So dachte ich. – Kurz darauf erlitt Frau Klee einen Schlaganfall und kam anschließend in ein Pflegeheim, wo ich sie zwei- oder dreimal besuchte. Demnächst wollte ich wieder hingehen, ich nahm es mir vor, nur fehlte mir im Moment wirklich die Zeit; so beruhigte ich mein schlechtes Gewissen. Mein Gott, es waren die alten Geschichten, die Frau Klee mir mühsam erzählte, wenn ich an ihrem Bett saß. Und was ich ihr erzählte, schien sie gar nicht zu hören.

Der lästige Pflichtbesuch erübrigte sich. Mit einer unpersönlich gehaltenen Parte bekam ich die Nachricht, Frau Klee sei gestorben, Begräbnis an dem und dem Tag, 13 Uhr 30. Natürlich war ich betroffen, dachte, das passe zu ihrem Leben, dieses stille Weggehen. Aber ob ich zum Begräbnis gehen würde, wusste ich selbst am Morgen dieses Tages noch nicht, was hat schließlich die Tote davon? Man sucht ja so gerne Ausreden, um sich vor etwas Unangenehmem zu drücken, und Begräbnisse sind mir, ich gebe es zu, einfach unangenehm.

An diesem Vormittag kam Gwendolin zu mir. Ich hatte ihren Anflug nicht bemerkt, aber das Wohnzimmerfenster stand weit offen, der Vorhang war zurückgezogen. Völlig unvorbereitet stand ich ihr gegenüber. Sie hatte ihre verkrüppelten roten Füßchen tief in meinen schönen Teppich gekrallt, ruckte mit dem Kopf und äugte dreist an mir hoch. Ich war so verdutzt, dass ich sie ansprach, als wäre sie ein Mensch, der antworten kann:
»Was machst denn *du* hier?«
Immerhin war mir, seit ich hier wohnte, noch nie eine Taube ins Zimmer gekommen. Aber diese da war ja auch nicht irgendeine Taube, sondern eine weiße mit schwarzem Kragen.

»Gwendolin«, sagte ich. »Bist du überhaupt Gwendolin?«

Das schwarze Muster auf ihren Flügeln kam mir viel dichter vor, und auf meine Anrede reagierte sie überhaupt nicht.

Ich war ratlos und etwas durcheinander, erinnere ich mich. Aber der erste klare Gedanke war: mein Teppich! Wie bringe ich sie nur hinaus, ohne dass sie ihn mir beschmutzt? Ich muss gestehen, die Sorge um meinen Teppich war so vordringlich, dass ich jede Pietät außer Acht ließ. Eine Botschaft der verstorbenen Frau Klee zog ich dann tatsächlich erst am Nachmittag in Betracht, während des Begräbnisses, bei dem außer mir nur noch zwei Trauergäste waren.

Die ungebetene Besucherin saß also auf meinem schönen Teppich. Vorsichtig ging ich auf sie zu. Als ich mich bückte, um die Taube – Gwendolin hin oder her – zu fangen, erschreckte sie mich durch heftiges Flügelschlagen und trippelte dann auf das offene Fenster zu. Dabei sah sie sich immer wieder nach mir um, vorwurfsvoll, wie mir später schien. Mit leichtem Händeklatschen trieb ich sie an und erzwang schließlich ihren knatternden Abflug.

Sie kam nicht wieder. Auch auf der Straße sah ich nirgends eine weiße Taube mit schwarzem Federkragen und Punkten auf den Flügeln. Ich habe auch keine Ahnung, wie alt Straßentauben werden.

Wenn ich in den folgenden Tagen daran dachte, kam mir der Taubenbesuch fast unheimlich vor. Seelenvogel, fiel mir ein, irgendwo hatte ich doch gelesen, dass die Taube den Menschen früherer Zeiten als Seelenvogel galt. Aber eigentlich wollte ich gar nichts Genaueres darüber wissen. Trotzdem gab mir die ganze Geschichte einen Anstoß, nämlich: mich mit der Frage zu beschäftigen, in welche Tiefen die Beziehung zwischen Mensch und Tier reichen könnte, reicht, gereicht hat ...

*

Lange schwiegen wir. Herr Halledauer strich mit fahrigen Fingern über das Tischtuch. Er schien etwas sagen zu wollen, brachte es aber nicht über sich, die Stille zu unterbrechen. Sein Gesicht hatte sich noch röter gefärbt, als es von Natur aus schon war, sodass sich der weiße Schnauzbart und das schüttere Haupthaar beinahe beängstigend davon abhoben. Ich fragte ihn möglichst ungezwungen: »Hatten *Sie* eigentlich einmal ein Haustier, Herr Kommerzialrat?«

»Nein – leider nein. Obwohl wir Tiere sehr gern hatten, meine Frau und ich. Aber« – es kostete ihn sichtbare Überwindung weiterzusprechen – »um der Wahrheit die Ehre zu geben und Ihre These zu stützen, liebe Charlotte: Ich füttere auch eine Taube. Auch so eine Straßentaube. Nur hat sie keinen Namen. Vielleicht hat ihr meine Frau einen gegeben, ich weiß es nicht. Meine Frau hat sie nämlich immer gefüttert.«

Mehr war dazu nicht zu sagen.

Das neuerliche Schweigen aber behagte dem alten Herrn gar nicht, deshalb wandte er sich plötzlich an mich und sagte mit betonter Munterkeit: »Diese Gwendolin-Geschichte muss sie aber unbedingt aufschreiben, unsere Charlotte! Finden Sie nicht auch?«

DER HUND, DER WEINTE, WENN HITLER SPRACH

Bessy? Klar doch, sagten die Nachbarn noch Jahre später. Von den Nachbarn lebt heute auch nur mehr einer, damals ein Kind. Damals, das war vor dem Krieg, und er erinnert sich an Bessys Frauchen, zwei Schwestern, nur schemenhaft, an die Tankstelle ziemlich genau und an Bessy sehr gut: Klar, das war doch die mit dem Schweinchen-Hinterteil! Nur war ihres nicht rosa wie das eines Ferkels, sondern weiß, nicht wahr? Ringelschwanz hatte sie natürlich keinen, sondern etwas, das man eine kleine wehende Fahne nennen konnte. Der Vergleich mit einem Ferkel stimmte übrigens auch, was ihre Größe anbelangte: Sie war etwa so groß wie ein munteres Ferkel. Bemerkenswert an Bessy war noch, dass sie beim Laufen – und sie lief fast den ganzen Tag – ihr Schweinchen-Hinterteil und die Hinterläufe stark nach links warf. Die Nachbarn witzelten daher, Bessy habe den Linksdrall. Das Witzemachen ließen sie dann aber sein, als die politischen Veränderungen kamen; da war »links« nicht einmal mehr für einen Hund opportun, obwohl Hunde mit Politik für gewöhnlich doch gar nichts zu tun haben.

Bessy war weiblich. Man sagte »die Bessy«, aber »der Hund« zu ihr, als Hund hatte sie also keinen Anspruch auf ihr Geschlecht. Sie hatte zum Zeitpunkt der politischen Veränderungen bereits vier oder fünf Jährchen auf ihrem strammen Buckel. An Hundejahren gemessen, stand sie sozusagen in der Blüte der Jahre. Ihrer robusten körperlichen Verfassung entsprechend erfuhr sie parallel zu den politischen Veränderungen sehr viel intimes Leid, denn ihre Frauchen, Besitzerinnen der Tankstelle am Ortseingang, ältlich, unverheiratet und jeglichem Nachwuchs in ihrem Hause abhold, sperrten Bessy einfach in den Schuppen, wenn sie läufig war. So kamen auch nie kleine Bessys mit Schweinchen-Hinterteil und wehender Schwanzfahne zustande, aber nach der brutalen Freiheitsberaubung trabte Bessy wieder eifrig von Dorfhund zu Dorfhund, wahrscheinlich um sich wegen Unpässlichkeit für ihre längere Abwesenheit zu entschuldigen.

Ein Elternteil Bessys war mit Sicherheit ein schwarzweißer oder besser gesagt weiß-schwarzer Foxterrier gewesen, wie sie in den Jahren vor dem Krieg große Mode waren, kurzhaarig und mit schlanken hohen Beinen. Auch Bessy war weiß-schwarz – ein Ohr war weiß, das andere schwarz und unter dem schwarzen Ohr war auch das Auge schwarz gerändert, was dem Hundegesicht den würdigen Anschein des Monokel-Tragens gab –, sie war auch glatthaarig und ihre beiden Frauchen betonten gerne, wie leicht sie zu pflegen sei; aus der Foxterrier-Art schlug der wehende Schwanz, schlugen die zu kurzen Beine und schlug eben das pralle Hinterteil. Aber auf Schönheit und Rasse kam und kommt es auf dem Land ohnehin meist nicht an, und Bessy hatte, was ihre beiden Frauchen übereinstimmend bezeugten, etwas, das viel mehr zählt als das rassigste Aussehen: eine treue und dazu unendlich weiche Hundeseele. Manchmal ging eine der Schwestern sogar so weit zu behaupten, Bessy fehle nur die menschliche Sprache; aber was sie nicht zu sagen vermöge, das könne man in ihren ausdrucksvollen Augen lesen.

Wenn eines der damals auf dem Land noch seltenen Kraftfahrzeuge an der Tankstelle anhielt und der Lenker ausstieg oder sich von seinem Motorrad schwang, sauste Bessy wie der Blitz daher, wobei sie das Hintergestell zirkusreif in die Höhe warf, und bellte in freudiger Erregung eine der Schwestern aus dem Haus, die dann die rostrote Zapfsäule für Benzin in Betrieb setzte, zu dieser Zeit noch »Benzinpumpe« genannt.

Sagte während des Tankens der behandschuhte Herrenfahrer oder der gummibemäntelte Motorradfahrer anerkennend: »Na, Flocki, das hast du aber gut gemacht«, bewegte Bessy nicht einmal ein Ohr, sondern saß neben der schnurrenden Zapfsäule wie eine ägyptische Statue und starrte in das jenseits der Straße liegende Rüben-, Kartoffel- oder Maisfeld. Was ging sie ein Hund namens Flocki an? Auch auf »Foxi« oder »Puppi« reagierte sie selbstverständlich nicht. Manchmal sagte die jeweilige Tankwartin mit rauer Stimme: »Sie heißt Bessy.« Mehr als einen kurzen prüfenden Blick hatte der Fremde, der sie nun schmeichelnd mit »Bessy« anredete, freilich auch nicht zu erwarten. Prüfend in erster Linie, ob er nicht nur schönreden, sondern auch zahlen konnte. Immerhin vergaß einmal einer das Zahlen, ein junger Mann auf einem Motorrad. Aber so schnell konnte der gar nicht losbrausen, hatte Bessy ihn schon am Hosenbein erwischt und sich so wütend drangehängt mit ihrem ganzen kleinen Hundekörper, dass er noch im Wenden zu Sturz kam. Das Motorrad holte später der Gendarm, denn der junge Mann war im Maisfeld – damals stand grade Mais und der war schon recht hoch – spurlos verschwunden und das Motorrad war als gestohlen gemeldet. Die Verfolgung des Flüchtenden hatte Bessy natürlich nicht aufgenommen, denn mit der Gendarmerie arbeitete sie nicht zusammen. Das änderte sich auch nicht, als im Vorfrühling des Jahres 1938 die politische Lage immer aufgeregter wurde: Bessy war und blieb neutral.

Neutral, soweit das eben möglich war. Denn ihre beiden Frauchen klebten in diesen Tagen förmlich an ihrem Radioapparat, einem hohen hölzernen Kasten namens Hornyphon, und verfolgten atemlos die beinahe unglaubliche Entwicklung. Bessy saß – saß, nicht lag! – zu ihren Füßen, die Vorderpfoten eng beisammen, alle Muskeln angespannt und das schwarze wie das weiße Ohr lauschend hochgestellt. Eindeutig: die Gemütserregung der Schwestern übertrug sich auch auf Bessy. Aber obwohl die Ereignisse sich stündlich änderten, wie der Radioapparat ebenfalls aufgeregt verkündete, und die Schwestern einander immer wieder beteuerten, wie sehr sie die Veränderung begrüßten, zeigte Bessy keinerlei Reaktionen, die auf eine Parteinahme hätten schließen lassen.

Die Schwestern kommentierten mit Verachtung die tränenerstickte Stimme des geschlagenen Bundeskanzlers, als er »Gott schütze Österreich« rief. Und sie jubelten, als der Sohn der neuen Ostmark vor der

Geschichte und mit bemerkenswertem Stimmaufwand die Heimkehr eben dieses Österreich ins Großdeutsche Reich vermeldete. Da jaulte Bessy zum ersten Mal mit hocherhobener Schnauze so jämmerlich, dass ihre Frauchen den nächsten Satz des vergötterten Redners gar nicht verstanden. Was hatte er ihnen alles versprochen? Weil sie aber überzeugt waren, dass es nur Gutes sein konnte, und weil ihnen selbst die Freudentränen über die welken Wangen liefen, deuteten sie Bessys Gejaule als gerührte Zustimmung. Bessy war eben eine Seele von Hund.

Ehe die Vorhut des Panzerregiments Nummer 33 in die Marktgemeinde einrasselte, hatte der Bürgermeister bereits vorsorglich eine große Tafel neben der Tankstelle aufstellen lassen mit der Aufschrift »Juden unerwünscht«, und neben dieser Tafel saß Bessy klein und ratlos und versuchte die veränderte Sachlage zu überblicken: Von der Stadt her kommende Zivilfahrzeuge konnten jetzt die Benzinpumpe von weitem gar nicht sehen, nur die Tafel, die Juden für unerwünscht erklärte. Das war fürs Geschäft gar nicht gut, denn trotz Bessys treuer Wacht fuhren alle Motorisierten vorbei. Und vom Panzerregiment, das langsam in schier endloser Kolonne an den staunenden Ortsbewohnern vorbei in den ehemaligen kaiserlichen Park rollte, war auch nichts zu erwarten. Die hatten nicht nur Lastwagen voll Material für hässliche Holzbaracken samt Einrichtung und Geschirr in ihrem Tross, sondern auch Tankwagen mit Benzin. Nur mit dem dringenden Hinweis auf ihre großdeutsche Gesinnung und die eben eingeführte Rechtsfahrordnung konnten die Schwestern schließlich beim ebenso großdeutschen Bürgermeister die Versetzung der Tafel, die Juden für unerwünscht erklärte, auf die andere Straßenseite erreichen. Das schon erwähnte Feld gegenüber der Tankstelle trug in diesem Jahr Rüben, und der Bürgermeister war sogar zu überzeugen, dass sich die Tafel mit den Rüben dahinter viel besser machen würde.

Bessy hatte wieder zu tun, obwohl die Tankstelle nun links lag für die von der Stadt ankommenden Rechtsfahrer. Aber seit das Panzerregiment Nummer 33 mit seinen schwarzuniformierten und baskenbemützten Soldaten im ehemaligen kaiserlichen Park logierte, exerzierte, probeschoss oder zackige Militärmusik machte, kamen viele Neugierige in den Ort, viele mit dem eigenen Fahrzeug, und das Geschäft lief bald so gut wie nie zuvor.

Auch sonst änderte sich manches in der vormals recht stillen und meist nur wegen der vornehmen Vergangenheit von Fremden besuchten Marktgemeinde. Alle Arten von Sympathiekundgebungen zwischen den alten und den neuen Ortsansässigen wurden von höchster Stelle gefördert, sie nahmen im Sommer zeitweise Volksfestcharakter an, natürlich nur an den Wochenenden, die übrigen Tage wurde ja exerziert und scharf geschossen.
Bessy passte ihr Verhalten den geänderten Verhältnissen insofern an, dass sie ihre Hundefreunde und –freundinnen nur mehr zu den Wochenenden besuchte, soweit es ihr Dienst an der Tankstelle zuließ.

Das Scharfschießen und das Rasseln der mächtigen Kettenfahrzeuge mit den schwarzen Soldaten in den Luken belasteten ihre Nerven und speziell ihr Gehör auf schmerzhafte Weise, sodass sie sich wochentags, soweit es ihr Dienst an der Tankstelle zuließ, lieber im Haus verkroch.

Das ging ja recht gut an solchen Tagen, an denen dem Apparat im Wohnzimmer vorwiegend Volkslieder und Wunschkonzerte entströmten. Sobald sich aber Bessys Frauchen mit glänzenden Augen an den neuen, klangreinen Volksempfänger setzten, musste Bessy in den Schuppen gesperrt werden. Selbst dorthin drang natürlich die Stimme des vergötterten Führers, und Bessy winselte und jaulte trotz der Entfernung.

Die Schwestern fanden das nun nicht mehr rührend, sondern nervtötend, dabei wollten sie doch ungestört lauschen. Und außerdem hatten sie ein schlechtes Gewissen: Der Schuppen war in ihren Augen ja Bessys Gefängnis für unsittliches Betragen, das in diesem Falle nicht vorlag. Bessy aber war nach dem Ende einer großen Rede – und die Reden dauerten leider immer sehr lange – derart erschöpft, dass sie, Elend im Blick, nur mehr wimmernd in ihr Körbchen kroch und in einen alptraumgeplagten Schlaf verfiel; dabei zitterten und zuckten ihre kurzen Beine, als hätte ein Dauerkrampf sie befallen. Wären die Frauchen weniger großdeutsch, dafür etwas klarer denkend gewesen, hätten sie Bessy die Attacken der schrecklichen Stimme überhaupt erspart und damit auch Erschöpfung, Krampf und Alpträume. Aber so sind die Menschen eben, sie urteilen nur nach dem eigenen Verständnis, und das ist zuweilen reines Unverständnis.

Nun ja, es änderte sich vieles in diesem Sommer, Herbst und Winter, es gab etliche Trauungen, standesamtliche, versteht sich, und auch der Bürgermeister bekam schneller als erwartet einen schwarzbemützten Schwiegersohn. Gar nicht lange nach den Trauungen hatte das Standesamt wieder eine Menge zu tun, denn es kamen erstaunlich viele Kinder zur Welt; die wurden zwar nicht kirchlich getauft, mussten aber ins Geburtenregister eingetragen werden. Die heimischen Gasthäuser hatten regen Zuspruch, die Schwestern ließen eine zweite Zapfsäule errichten, hellblau für Diesel, ganz auf dem neuesten Stand der Technik, und man redete im Gemeinderat schon von der Notwendigkeit einer weiteren Tankstelle im Ortszentrum.

Dazu kam es dann doch nicht mehr, denn im Spätsommer des Jahres 1939 bellte die Führerstimme aus dem Volksempfänger: »... seit 4 Uhr 45 wird zurrrrückgeschossen«, und darüber regte Bessy sich so entsetzlich auf, dass sie in diesem entscheidenden Moment nicht einmal mehr jaulen, nur mehr japsen konnte und auf die Seite fiel – übrigens auf die linke. Dann wurde sie ganz still und – weinte. Weinte tatsächlich echte Tränen!

Zuerst dachten die beiden Frauchen bestürzt, Bessy hätte bereits das Zeitliche gesegnet, aber als sie die Tränen aus den Hundeaugen fließen sahen, waren sie erleichtert und gerührt. Gerührt waren sie auch ob der Wucht des historischen Augenblicks, denn immerhin brach gerade der Zweite Weltkrieg aus. Später erzählten sie allen, die es hören wollten, wie ungemein sensibel und trotzdem treudeutsch ihre Bessy sich in diesem historischen Augenblick verhalten habe.

Das Panzerregiment Nummer 33 zog an die polnische Front und verringerte sich dort bei anhaltenden Siegen. Es wurde wieder aufgefüllt, neue Trauungen und neue Kinder folgten. Die Tafel am Ortseingang war Opfer eines besonders strengen und stürmereichen Winters geworden, was nicht heißen sollte, dass Juden nun wieder erwünscht gewesen wären. Aber man hatte andere Sorgen, als umgestürzte Tafeln aufzustellen. Zum Beispiel die Sorge um Lebensmittelmarken und Kraftstoffzuteilungen. Auch was rationiert war, war manchmal gar nicht vorhanden; aber Zivilfahrzeuge gab es ohnehin kaum mehr.

Das erneut aufgefüllte Regiment zog an die Westfront, dann an die Russlandfront, neue Rekruten kamen. Es gab keine zackigen Lieder mehr beim Exerzieren und keine Platzkonzerte an den Sonntagen und das Standesamt hatte viel weniger zu tun, obwohl auf den Äckern des übernächsten Dorfes entgegen dem Verständnis der ansässigen Bauern ein Flugfeld angelegt und mit zahlreichen grau Uniformierten bevölkert worden war. Aber die Gasthäuser hatten auch nicht mehr viel zu bieten. Bessy lief nur mehr selten von Hundewohnung zu Hundewohnung, sie lief langsamer als früher, ihr Schweinchen-Hinterteil war schmäler geworden und die Schwanzfahne wehte nicht mehr so freudig. Das konnte mit ihrer Angst vor den großen und kleinen Flugzeugen zusammenhängen, die rücksichtslos bei Tag und Nacht ihre Übungsrunden am Himmel drehten und wie wildgewordene Rieseninsekten über den Köpfen der Erdbewohner schwirrten und brummten. Bessy war nun einmal geschlagen mit besonderer Lärmempfindlichkeit, und das waren keine guten Zeiten für Lärmempfindliche und Antimilitaristen.

Dass ihre Angst nicht unbegründet gewesen war, erwies sich mitten in einer lauen Maiennacht. Da wurden nämlich Tankstelle und Haus der Schwestern von einer Bombe getroffen. Es war keine feindliche Bombe, sondern eine eigene, sozusagen. Eine Maschine verlor sie beim Start. Es war auch nur ein Übungsflug, aber die Bombe war scharf. So etwas soll vorkommen.

In den Zapfsäulen der Tankstelle war zum Glück kein Tropfen Benzin oder Diesel gewesen, daher blieben die Nachbarhäuser verschont. Nur dort, wo die Schwestern und Bessy gewohnt hatten, gähnte ein Loch.

Die beschädigte Straße wurde sofort repariert, die brauchte man ja. Den Krater, den niemand brauchte, schüttete man dabei gleich zu.

DAS LÖWENFEST VON VITERBO

Gleich vorweg, damit Sie, mehr oder weniger verehrter Leser, sich keine falschen Hoffnungen machen: Das Löwenfest ist kein folkloristisches Spektakel, welches Sie gesehen haben müssen, wenn Sie mit Ihrer sprichwörtlichen Gewissenhaftigkeit wieder einmal Bella Italia bereisen. Und Ihre persönliche Teilnahme am Fest ist nicht möglich, selbst wenn Sie ein Löwe sind (oder sich als solcher fühlen). Tut mir leid.

Veranstalterin ist nämlich nicht die Stadtgemeinde von Viterbo, wie Sie vielleicht annehmen, sondern – hier stocke ich schon –, sondern eine Privatperson, wollte ich Ihnen eben erklären. Doch ist Rosa keine Privatperson, Rosa von Viterbo ist die Stadtpadrona, steht also im öffentlichen Dienst. Das Löwenfest freilich ist ihre Privatangelegenheit. – Können Sie mir folgen?

Offiziell wird die redegewandte junge Dame jedes Jahr an einem Septemberabend gefeiert mit viel Trara, mit Lichterumzug, Litaneien und gutgehenden Geschäften. *Sie* lädt dazu allerdings weder die Offiziellen noch die Hunnenscharen fotoblitzender Touristen ein und toleriert nur aus Vernunftgründen die jährliche Heimsuchung, die unter ihrem Namen läuft. Eine Stadtpadrona ist sich schließlich ihrer Verantwortung bewusst in einer Zeit, in welcher der Unglaube in demselben Maße wächst wie der Fremdenverkehr. – Ist Mitternacht vorüber, verebbt der Touristenrummel und das Stadtvolk versinkt erschöpft in seinen Betten. Dann lädt die Gefeierte sich *ihre* Gäste ein: die Löwen ihrer Vaterstadt Viterbo. Für die Löwen, müssen Sie wissen, empfand Padrona Rosa schon als Kind eine zärtliche Zuneigung nach dem Gesetz der Anziehung zwischen den scheinbar Schwachen, die stark, und den scheinbar Starken, die in Wirklichkeit schwach sind. Ihr derzeitiger Status macht es ihr möglich, ganz unbürokratisch und in Eigenregie dieses Fest auszurichten, das sich am treffendsten als eine – vielleicht etwas ungewöhnliche – Betriebsfeier bezeichnen ließe.

Abgesehen von den 97 Wappenlöwen, den tapferen Kämpfern für die viterbesische Freiheit gegen den länderverschlingenden Heiligen Stuhl von nebenan, stehen sage und schreibe 11.016 Löwentiere vorwiegend männlichen Geschlechts im strengen Dienste der Stadt. Und sie halten ihre Stellungen rund um die Uhr, bei jedem Wetter und an allen neuralgischen Punkten!
Nun seien Sie so gut und verwechseln Sie mir in Ihrer Unbedarftheit – das kommt von der heutigen Überflutung mit unverstandenen Fremdwörtern! – nicht die Neuralgie mit der Allergie und die Allergie mit der Allegorie! Wobei Sie mit letzterer auch nicht ganz falsch liegen, hat der Löwe doch außerordentlich allegorischen Charakter als Sinnbild für stolze Macht und gefährliche Stärke.
Das alles ist Ihnen nicht neu und Sie finden meine Löwengeschichte bis jetzt gar nicht so originell? (Natürlich denken Sie an Venedig und den geflügelten

Löwen San Marcos). Aber die Anzahl, die eigentlich schon eine Unzahl ist, die dürfte wohl originell sein: 11.113!

Lassen Sie mich also fortfahren: Zeremonienmeisterin der Fete ist die schöne Galiana. Sie bewohnt seit ihrem mittelalterlichen Heldentod einen hübschen antiken Sarkophag an der Kirche Sant' Angelo. Von dort überblickt sie bequem die weitläufige Piazza Communale, den traditionellen Festplatz.

Wenn also die vielfotografierte »Macchina« beim Klarissenkloster von den vorgeschriebenen fünf starken Männern abgestellt worden und das Volksgeschrei verstummt ist, sorgt Donna Galiana mit anmutigem In-die-Hände-Klatschen für den totalen Ausfall der Straßenbeleuchtung; so etwas ist in anderen Städten ja auch kein Problem. Bei Vollmond allerdings muss Rosa eingreifen mit ein paar verhüllenden Nachtwolken, an denen die Meteorologie stets verärgerten Anstoß nimmt.

Erneutes Händeklatschen befiehlt: Das Löwenvolk herbei! – Das Löwenvolk hat sich inzwischen bereitgemacht für die beste Stunde des Jahres, selbstverständlich unter strengster Geheimhaltung; es fürchtet zu Recht die menschliche Überheblichkeit in der Beurteilung unerwarteter Veränderungen an Mensch und Tier: Was nämlich an Heiligen, Seligen und rosigen Galatheen als Wunder bestaunt wird, das Leben wider alle Naturgesetze, das kreidet man der vierbeinigen Kreatur als Zauberei und Teufelsspuk an, und dem Menschen sträuben sich sofort sämtliche Haare. Drum bedürfen die steinernen, erzernen und tönernen Löwen Viterbos der Finsternis für ihre Verwandlung und für das bescheidene Stündchen, da sie frei und mit blutwarmen Leibern sich bewegen dürfen, um ihr Fest zu feiern.

Leonenorme von der Rathausecke und die meisten der übrigen 96 Wappenträger sind wie jedes Jahr als Erste zur Stelle, denn die öffentlichen Gebäude versammeln sich vorwiegend um die Piazza Communale. Auch die vornehmen Palastlöwen haben meist einen recht kurzen Anmarsch von ihren Toren und Treppen. Aber was geschieht auf dem Weg mit ihnen allen – können Sie sich überhaupt vorstellen, wie denen zumute ist, die nach einem Jahr endlich ihr lautlos brüllendes Maul zuklappen, den drohend erhobenen Quastenschweif sorglos nachschleifen dürfen? Die ihre furchterregend gesträubten Mähnen glätten und die stumpfsinnigen Kugeln, auf die sie sommers und winters ihre majestätische Pranke zu legen haben, endlich einmal richtig rollen lassen?

Auffallend gelöst wirken die Präsentierlöwen, die an den zahlreichen Fontänen der Stadt tätig sind. Jahraus, jahrein stehen sie auf den Hinterbeinen, als kämen sie vom Zirkus! Und wozu die widernatürliche Haltung? Um mit den Vorderpranken eine Palme im Gleichgewicht zu halten oder eine Krone in Schwebe oder was immer ihrem Erzeuger haltenswert schien. Er kannte es ja nicht, das Glück des vierfüßigen Gehens, das entschuldigt ihn.
Aber die Glücklichen verstummen, wenn die dienenden Brunnenlöwen ankommen, verhalten schnau-

bend, niesend und prustend. Die Brunnenlöwen, das sind die Ärmsten, in deren Mäuler man mit brutaler Berechnung Brunnenröhren installiert hat. Unbestritten zählt ein Löwenmaul, aus dem der kristallklare Wasserstrahl schießt, zu den eindrucksvollsten Fotomotiven, und kein Mensch denkt dabei an Folterqualen. Man müsste aber diesen Brunneninstallateuren und diesen Fotokünstlern nur täglich eine Viertelstunde Wasserspeien verordnen ...! Hin und wieder mischen sich unter die dienenden Brunnenlöwen mähnenlose Löwinnen. Die sind besonders demütig, buckeln vor Leonenorme samt Gefolge und fallen gar auf den Bauch, wenn Galiana sie freundlich streichelt; man sagt ihr ja nach, sie habe den Geruch warmen Raubtierfells mehr geliebt als die Düfte aus des edlen Römers Bart. Und wenn die Schöne mitleidig seufzt, dann fühlen die Gestreichelten bis zum Schmelzpunkt sich verstanden in der Bedeutungslosigkeit ihres Geschlechts.

Mit hängenden Köpfen und von den anderen kaum beachtet trotten die Zierlöwen daher, die wie Zierfische oder Zierpuppen keinem vernünftigen Zweck dienen. Wie jedes Jahr werden sie versuchen, sich und den anderen ihre Lebensaufgabe zu erläutern, und zum Schluss werden sie wieder nicht wissen, wofür sie an Orten stehen, wo es nichts zu bewachen und nichts zu verteidigen gibt außer der kommunalen Verschwendungssucht. – Ein paar erregen kurzes Aufsehen mit ihrer Farbe, moosgrün, sie leiden sichtbar unter feuchten Standplätzen.

Der gesunde Löwenverstand allerdings schätzt bemooste Häupter genau so wenig wie verkalkte. Verkalkt sind die beiden Uralten von Il Gesù schon eine halbe Ewigkeit; so lange nämlich beschuldigen sie einander, zu wenig aufgepasst zu haben anno Schnee, als unter ihren Augen der frevelhafte Mord geschah – aber wer hatte wen ermordet, und warum?

Die letzten kommen paarweise, sie hüpfen drollig und ungeschickt wie die jungen Katzen: die Kleinsten, die eigentlich nur aus Köpfchen mit Nasenring bestehen, die Türklopferlöwen. Zur Feier dieser Nacht dürfen sie auch alles andere zeigen, was ein Löwe hat, kopflastig bleiben sie trotzdem.

Sobald die schöne Galiana auf ihrem Sarkophag sitzend das 11.113. Augenpaar gezählt hat, klatscht sie zum drittenmal anmutig in die Hände, und auf dieses Zeichen schwebt die Gastgeberin zur Piazza herab, die Padrona, ekstatisch empfangen mit Knurren, Schnurren, Jaulen und Schwänzeschlagen.

Was macht ein Fest zum Fest? Sie erleben es bei Lieschen Müller und Max Meier, bei Hochzeit und Geburtstagsfeier, Einstand, Ernennung, Pensionierung und wenn weiß Gott was aus der Taufe gehoben wird: Erst kommt die Begrüßung mit Musik, die Ansprache, die den Zweck der Feier ins rechte Licht rückt, die Drinks, das kalte Buffet, die endlos sich drehenden Gespräche, small oder important, gezielt oder zufällig, Höflichkeiten, Versprechungen, Koketterie und Kaffee.

Und diese angenehmste Kommunikation der Welt wollen Sie dem Löwenvolk von Viterbo nicht gönnen? Ach, Sie können sich's nicht vorstellen? Dann rufen Sie doch Ihre Fantasie zur Hilfe, lassen Sie die entzückende Padrona Rosa ihre Rede halten im Lichte von 22.226 Raubtieraugen, lauschen Sie dem seraphischen Sound im Background, atmen Sie die Düfte ambrosianischer Appetithäppchen und feinsten Löwenmannas und fühlen Sie den Frieden sich ausbreiten über der Piazza Communale, den Frieden, wie ihn die Bibel zitiert, wo das Kalb neben dem Löwen weidet, nur dass sich hierher eben kein Kalb verirrt hat. Und sehen Sie das beglückte Löwenvolk an der einfallsreichen himmlisch-fleischlosen Kost und den rauschfreien Getränken sich schmatzend laben, sich in Sattheit strecken, artig balgen, genüsslich die Bäuche lecken und abermals in Ekstase geraten, wenn der schwebende Fuß der Gastgeberin ihre Allongelöckchen berührt. Und hören Sie genau zu, wie da gleichzeitig Klage geführt wird über Wasserverschmutzung, Schmierereien an besonders empfindlichen Körperstellen und sonstigen Vandalismus, wie ihn nur menschlicher Unverstand ersinnen kann, über Wirbelsäulenschäden und Verwitterung. Hören Sie auch, wie Padrona Rosa tröstet und Abhilfe verspricht? Dem Bürgermeister wird sie persönlich im Traum erscheinen, ob er nun von der richtigen Fraktion ist oder nicht! – Und zufrieden reibt sich Fell an Fell, beißt man in befreundete Ohren und Mähnen und preist die gute alte Zeit.

Wie soll ich wissen, wie das Fest zu Ende geht? Kein Mensch hat das Spektakel je gesehen, die Paläste rund um die Piazza haben in dieser Nacht keine Augen, und die Hauskatzen, die am Rande herumschleichen, sind verschwiegene Verwandte. Wahrscheinlich klatscht Galiana noch einmal anmutig in die Hände oder es trägt ein gewaltiger Gongschlag auf seinen Klangflügeln die Gäste in alle Himmelsrichtungen davon. Am nächsten Morgen jedenfalls sind sämtliche Löwenpositionen wieder ordnungsgemäß besetzt. Stolz stehen sie auf einsamer Wacht, speien Wasser, halten Kronen, beschützen Stadt und Bürger und sind sich ihrer allegorischen Aufgabe voll bewusst. Sollten Sie in einer öden Gasse ein Haustor ohne Türklopferlöwen finden, dann hat ein Souvenirjäger sie gestohlen.

Und nun, lieber Leser, überheben Sie sich nicht mit der Behauptung, ich hätte die Löwengeschichte erfunden! Sie halten so vieles für wahr, nur weil es gedruckt steht. Dass unsere ganze sogenannte Wirklichkeit eine Täuschung der Sinne ist, das dürfen Sie ab heute auch für wahr halten. – Glauben Sie aber hartnäckig nur das, was Sie mit eigenen Augen sehen, dann können Sie ja selbst nachzählen, wie viele Löwen es gibt in Viterbo. Stimmt die Zahl, stimmt meine Geschichte. Nebenbei finden Sie dort auch alle Ihre Vorstellungen von einer typischen italienischen Stadt bestätigt.

HIERONYMUS UND DER KROKUSFRESSER

Mit »schnaps« meinte er durchaus nichts Flüssig-Scharfes, es hieß vielmehr, dass ihm irgendwas egal war; »flaps« hingegen bedeutete Verblüffung. Auch die Variante »flups« hätte hören können, wer ihn hörte. Aber es hörte ihn selten wer.

Die Rede ist von Hieronymus, Frührentner, Sonderling und in Andorf aus bestimmten Gründen trotzdem gut gelitten.

Viel sprach er mit den Seinen, die er auch seine »grünen Freunde« nannte. Zu ihnen sagte er manchmal liebevoll »Lauser«, auch wenn sie keine Läuse hatten, oder er nannte den einen oder anderen Rafuzl: »Du Rafuzl du.« Das war kein Schimpfwort, sondern höchste Anerkennung für unerwartete Blüten und neue Triebe und stand in keinem Wörterbuch. Wie Hieronymus überhaupt seine eigene Sprache entwickelt hatte; eben als einer, der vorwiegend mit sich selber spricht.

Mit den übrigen Dorfbewohnern unterhielt er sich natürlich in der landläufigen Sprache, die sie verstanden, aber die Gelegenheiten dazu waren rar und wurden meist nicht von ihm, sondern von den anderen gesucht.

»Hieronymus im Gehäuse«, so nennt ihn der pensionierte Lehrer immer noch, wenn er auf einem seiner mühseligen Spaziergänge vorbeigehumpelt kommt und ihn vor dem Haus antrifft: »Hieronymus im Gehäuse, was macht der Löwe?«

Ach, diese Löwengeschichte aus dem alten Legendenbuch! Rührend, wie der heilige Hieronymus dem Löwen einen Dorn aus der Pranke zog und der Löwe ihm zum Dank wie ein Hündchen folgte. Mit der Frage nach dem Löwen hat man ihn schon in der Schule aufgezogen, und seine Schulzeit liegt ziemlich lange zurück.

Weil der Lehrer auch immer wieder fragt, als wüsste er nicht, was geschehen war. »Sie wissen's doch ohnedies«, bockt er dann, »entlaufen, der Löwe – wie das ganze übrige Gesindel.«

»Ach ja, richtig«, sagt der Lehrer darauf und nickt ernst und verständig.

Der hätte schön geschaut, wenn er den Krokusfresser in der Stube angetroffen hätte!

Aber in die Stube kam dem Hieronymus ja kaum jemand hinein. Wenn er einmal wen ins Haus einließ, dann bestenfalls in die Küche. Und dort konnte er den Krokusfresser wieder gar nicht brauchen, nach all dem, was der Kerl ohnedies schon angestellt hatte.

Küche und Stube, mehr Räume hatte das Gehäuse nicht. Ein Ausgeding-Häusl, früher wohnten alte Bauersleute drin. Mehr wollte Hieronymus aber auch gar nicht. Was braucht der Mensch mehr als eine Stelle zum Schlafen und eine zum Essen? Genau gesagt, zum Essen-Kochen, was Hieronymus mit viel Sorgfalt und auf einem geschenkten Herd tat.

Geschenkt bekam er jede Menge von Hausrat, denn Andorf war ein reiches Dorf und die Andorfer bildeten sich ein, Hieronymus sei als einziger sehr arm. Aber was ist einer denn arm zu nennen, wenn er ein festes Dach über dem Kopf hat, ein gutes Bett – geschenkt –, Kühlschrank, Radio, ein Moped – geschenkt –, eine Haustür, um sie hinter sich zu schließen, und Fenster, um Luft und Licht hereinzulassen.

Luft und Licht konnte Hieronymus sich trotz des Herzschrittmachers auch von draußen holen, sooft er wollte, gemäßigtes Gehen war ihm ärztlicherseits sogar dringend empfohlen. Die Fenster brauchte er also in erster Linie für seine zahlreichen Blumentöpfe. Und an der Sonnenwand draußen hatte er eine Stellage gebastelt für die Sonnenhungrigen, die Unempfindlichen, die Ein-Jahr-Blüher.

Hieronymus liebt alles, was Wurzeln hat. Daran kann man getrost sein Herz hängen. Was Wurzeln hat, kann einem nicht entlaufen. Was Wurzeln hat, bleibt an Ort und Stelle und ist abhängig von einem. Das ist sein Credo seit den schlechten Erfahrungen, die er gemacht hat. Drum liebt er alles, was Wurzeln hat.

Es gibt freilich noch einen anderen Grund dafür, dass Hieronymus allen Arten von Pflanzen so zugetan ist. Dem Lehrer erklärte er es einmal so: »Einen Hund kannst du mit picksüßer Stimme beschimpfen, er wird freundlich wedeln – weil er dir auf die picksüße Stimme reinfällt. Bei meinen Blumen braucht's keine Worte, da geht alles übers Gefühl. Mit Gefühlen kannst du sie nicht belügen. Wenn sie die Liebe fühlen, blühen sie. Sonst gehen sie ein. So einfach ist das.« Das war übrigens für Hieronymus eine außergewöhnlich lange Rede.

Im Herbst hatte ihm die Nachbarin zwei Handvoll Krokuszwiebeln geschenkt und gesagt, er solle sie ins Vorgärtchen setzen, sie kämen im Frühjahr: gelb, violett und weiß mit violetter Äderung. Er hatte extra Modererde von den alten Weidenbäumen geholt, hat sich den ganzen Winter aufs Frühjahr gefreut, mehr noch als sonst. Und dann kommt dieses Luder daher!

Die Andorfer bringen dem Hieroni, wie sie ihn nennen, nicht nur den ausrangierten Hausrat, sondern auch alle halbverreckten Pflanzen. Hieronymus ist der Letztverbraucher des Dorfes, der bequeme Entsorger. Manchen Blumentopf stellen sie ihm ganz einfach vor die Haustür – der Hieroni hat ja Mitleid mit allem Grünen, er hat auch zwei grüne Daumen. Dabei war er nie Gärtner gewesen.

Was war Hieronymus eigentlich gewesen? Einmal dies, einmal das, sagen die, die ihn schon lange kennen, und wollen nicht so recht heraus mit der Sprache. Was er jetzt ist, wissen alle: Frührentner mit Herzschrittmacher. Mindestrentner. Deswegen hängen sie ihm ja mit gutem Gewissen alles an, was sie aus ihren Wohlstandswohnungen draußen haben wollen, nein sie möchten ihm's gerne anhängen. Aber Hieronymus nimmt nicht alles. Er braucht ja keinen Trödelladen! – Einen Kühlschrank, gut. Seit er den hat, kann er seine Einkäufe auf einmal die Woche beschränken, im Kühlschrank hält sich das wenige, das er zum Leben braucht.

Vielleicht gehört dem, der ihm den Kühlschrank geschenkt hat, das Biest, der Krokusfresser?
Oder gehört er dem, von dem er das klapprige Moped bekommen hat? Klapprig und langsam, aber noch brauchbar. Im Dorf wissen sie alle, dass er sich mit dem Herzschrittmacher im Leib nicht anstrengen darf, obwohl andere Männer mit Herzschrittmacher wieder so fit sind, dass sie Bäume ausreißen könnten, hört man. Ja, die Andorfer haben sich bestens informiert über alles, was mit Herzschrittmachern zusammenhängt. Hieronymus ist eine ständige Quelle der dörflichen Unterhaltung, um nicht zu sagen Weiterbildung geworden, und bei ihm ist es eben nicht so gelaufen, dass er Bäume ausreißen könnte – vielleicht deshalb, weil das früher auch nicht seine Sache war, ganz im Gegenteil.

Die würden schön schauen, denkt Hieronymus, wenn er dem Biest den Garaus machen würde – krxxx die Kehle durchschneiden dem Teufelsbraten, dem rotäugigen: Was, unser Hieroni macht sowas, der arme Hieroni, der sich nicht aufregen soll und nur durch ein Wunder lebt? Der und so ein Teufelsbraten?
Braten – nein danke, Braten möchte Hieronymus schon gar keinen. Seit der Operation hat er kein Fleisch mehr gegessen, ist zum Vegetarier geworden, aus freiem Willen. An Fleisch kann er gar nicht denken, und vorm Schlachten würd' es ihm fürchterlich

grausen. »Schlagen« sagt man bei einem solchen Vieh, fällt ihm ein, aber es ist egal, ob schlagen oder schlachten. »Schnaps«, sagt er, auf jeden Fall müsste er dem Geschlagenen das Fell abziehen, den Gehäuteten zerteilen – damit würde er sich doch selber bestrafen und nicht den Biesterkerl! Und schon bei der bloßen Vorstellung kommt's dem Hieronymus ganz sauer hoch.

Die Andorfer begreifen natürlich nicht, wie man ohne Fleisch leben kann. Sie behaupten, er schaue auch danach aus, unterernährt zum Fürchten, direkt ausgemergelt, und wenn man ihm einen alten, aber noch pfenniggguten Anzug für sonntags schenken will, dann schlottert das Zeug an ihm wie an einem Kleiderständer und der Hieroni sagt: nein, der passt nicht. Einen Kümmerling nennen sie ihn. Wenn er wenigstens nicht diesen Wildererbart im Gesicht hätte, kritisieren sie. Aber weil sich der Rasierapparat mit dem Herzschrittmacher angeblich schlecht vertrug, rasierte sich Hieronymus eben nicht mehr. Der Lehrer in seiner Güte meinte ja, er sähe nun aus wie ein Heimatdichter, aber diese Meinung teilten wenige; sie nannten ihn einen Wurzelsepp, das passe auch zur vegetarischen Kost. – Wenn einer doch den Spleen hat, einzig das Wurzelige zu lieben!

Die Leute begreifen wirklich so vieles nicht. Zum Beispiel, dass einer keinen Fernseher braucht, solange er nahsehen kann. Etliche Fernseher hätte Hieronymus schon geschenkt bekommen, die Leute kaufen sich ja immer größere, auf denen man noch buntere Farben sehen kann als in der Wirkllichkeit: Hieronymus, du brauchst ein Fenster zur Welt! – Aber er blieb hart im Ablehnen dieser unnützen Dinger. Für Politik interessiert er sich nicht die Bohne, von den rasant fortschreitenden Wissenschaften schätzt er lediglich die Herzchirurgie und für den täglichen Wetterbericht genügt ihm das Radio. Unterhaltung aus der Konserve braucht er keine, dafür hat er ja das Nahsehen: Am Morgen im Wald, egal zu welcher Jahreszeit; das Aufblühen der ersten Haselsträucher; der Bauplan eines Schneckenhauses; die Gräservielfalt am Wegrand; ein gebänderter Stein im Bach. Wozu also ein Fernseher? Ein Fernseher ist eine Maschine, und keine Maschine der Welt kann wahres Leben wiedergeben. Und kann auch nicht wiedergeben, was er am meisten liebt: die Stille.

Deshalb hat er's auch nicht so mit dem Vogelgezwitscher. Ehrlich gesagt, er findet es oft störend. Und außerdem: was Flügel hat, entfliegt einem ja wieder. Vögel füttern im Winter zum Beispiel kommt für ihn nicht in Frage. Nicht aus Sparsamkeit, sondern weil man abgesehen vom ewigen Getschilpe nichts hat von denen, die einem rund ums Futterhäuschen doch nur alles vollscheißen. Ihm genügt, was ab und zu vom Dach herunterplatscht. Er regt sich auch nicht auf wie die Nachbarin, wenn eine umherschleichende Dorfkatze einen hilflosen Jungvogel massakriert – das ist eben die Natur, sagt er und mischt sich nicht ein.

Wobei er Katzen ja auch nicht besonders mag, wegen der Samtpfoten, auf denen sie so lautlos davonlaufen. Aber man respektiert einander, zumal Hieronymus keinen Garten mit Busch und Baum besitzt, sondern nur das schon erwähnte Vorgärtchen, das einer Katze viel zu einsichtig ist für ihre geheimen Geschäfte. – Nein, eine Katze hätte nie das Verbrechen begangen, junge, zarte Krokusse einfach abzufressen!

Hieronymus ist wütend. Dabei soll er sich nicht aufregen, das hat ihm der Arzt nach der Operation eingeschärft: ja nicht aufregen! Die besorgte Nachbarin hatte es natürlich im ganzen Dorf herumerzählt und die Leute fanden es auch richtig. Schließlich hat ja die Krankenkasse die sündteure Operation bezahlt, der arme Teufel hätte sich solchen Luxus wie einen Herzschrittmacher nie leisten können. Also musste auch alles getan werden, damit der ganze Aufwand nicht umsonst wäre.

Natürlich reden und rätseln sie immer noch über die Gründe, warum ein Mensch sowas Kompliziertes wie einen Herzschrittmacher überhaupt braucht. Bei Hieronymus werden sie sich aber nicht einig. Manche behaupten, er soff zu viel – Blödsinn, sagen die anderen, davon wird die Leber kaputt und nicht das Herz. Nein, es hat damals begonnen, als ihm sein Kind unter den Traktor kam und bald danach die Frau davonlief. – Sei es wie immer, irgendwie stimmte seine Innenwelt mit der Außenwelt nicht mehr überein, und das schlug sich bei ihm eben aufs Herz. So konnte auch Hieronymus die ganze Sache akzeptieren, und er freundete sich mit dem Ding in seinem Leib an wie man sich mit einer Brücke befreundet, die einen von einem Ufer zum anderen bringt.

Die örtliche Fürsorge hatte beantragen wollen – oder war es der Bürgermeister persönlich? –, dass Hieronymus ein Telefon installiert bekäme in seinem Gehäuse, kostenlos und für den Fall gesundheitlicher Probleme. Er müsse dann schnellstens jemand verständigen können: Arzt, Rettung, Polizei. Offenbar waren sie im Dorf so stolz auf ihren Ausnahmefall, dass sie ihn nicht so schnell wieder verlieren wollten. Hieronymus aber lehnte ab. Da sei ja noch die Nachbarin, die gute Haut, die sicher gleich durchs Küchenfenster schauen würde, wenn sie ihn länger nicht bei seinen Blumentöpfen sähe.

Wen hätte er zum Beispiel heute Morgen anrufen sollen, als er das Ungeheuer im Vorgarten entdeckte und sich, zugegeben, aufregte wie schon lange nicht? Den Arzt? Die Polizei? – Eben.
So unbändig gefreut hatte er sich über die grünen Spitzen, die wie kleine Lanzen aus dem Erdreich stießen, und bewundert hatte er sie ob ihrer Tapferkeit, denn vor Ostern waren die Nächte noch recht kalt. Dann hatte er gewissenhaft die Festigkeit des Jägerzaunes überprüft – eine selbstgebastelte Maßnahme gegen die wild radelnde Dorfjugend, die ihm schon ein paarmal seine grünen Freunde brutal niedergefahren hatte. Aber der Zaun war stabil genug, das zarte Lanzenwachstum und die ersten drei Blüten zu schützen.

Und am heutigen Morgen dies! Hieronymus traute ja erst einmal seinen Augen nicht und dachte zunächst an weiße Mäuse. Dann sagte er sich aber, dass er schon lange nicht besoffen war, also konnten es keine weißen Mäuse sein. Laut sagte er: »Flaps« mit dem bei ihm unüblichen Zusatz: »Das gibt's nicht!«

Das gab es aber doch: Breit und frech mitten im Vorgarten hockte ein weißes Kaninchen, starrte Hieronymus mit einem roten Auge an und hatte grüne Lanzenspitzen und eine der drei Blüten aus dem reglosen Mümmelmaul hängen.

Hasen sind schnell, wenn's drauf ankommt, aber Hieronymus war schneller: Bevor der Weißling sich aus seiner Erstarrung löste, hatte er ihn schon an den Ohren gepackt, kurze rosa, seidig glatte Ohren, die grünen Blättchen rieselten ihm aus dem Maul, die Läufe zappelten konfus in der Luft und der Kerl machte sich unnötig schwer damit – entkommen konnte er nicht mehr.

In der Stube schleuderte Hieronymus das Karnickel so heftig zu Boden, dass es benommen sitzenblieb. »Flaps«, sagte er voll Zorn, erstens wegen der gerupften Krokusse und dann auch, weil ihn eine vage Erinnerung an eine Szene bedrängte, in der die Frau eine Rolle spielte. Die Frau, die ihn über Nacht verlassen hatte. Was die plötzlich aufschießende Erinnerung mit dem Hasen zu tun hatte, wollte ihm nicht sogleich einfallen. Trotzdem stieß er das Kaninchen mit dem Pantoffel so arg in die Seite, dass es laut japsend unters Bettgestell flüchtete.

»Miststück, elendes«, schimpfte Hieronymus hinter ihm her, kippte zwei große hölzerne Obststeigen von der Kommode, schob sie vors Bett und setzte den Einbrecher fürs Erste in Dunkelhaft.

Im Vorgärtchen besah er sich den Schaden: Bis auf zwei, drei Pflanzen alles abgefressen! Kaninchen fressen für gewöhnlich Kohl oder Milchdisteln – aber Krokusse? Wohl eine Delikatesse für einen, der schon alles kennt. Ein Genüssling, der Weiße, ein feiner Pinkel!

Die abgefressenen Zwiebeln konnte er nur mehr ausgraben und zum Kompost werfen, die hatten ihre ganze Kraft den grünen Blättern gegeben. Da sind die Verwurzelten halt im Nachteil, sagte er sich voll Bedauern, sie können vor Angreifern nicht einfach davonrennen. Sie sind angewiesen auf einen, der sie schützt. Er schämte sich: Diese Krokusse haben sich auf ihn verlassen, und er hat zu wenig auf sie aufgepasst. Wer rechnet aber auch damit, dass ein weißes Kaninchen mit roten Augen den Jägerzaun überspringt?

Alle Selbstbeschuldigungen waren nutzlos, die Krokusse waren hin und das fremde weißpelzige Vieh saß gefangen in seiner Stube. Was aber sollte weiter geschehen? Nun – wüssten Sie einen Rat? Keinen? Hieronymus ging es genauso. Er wollte die Sache in Ruhe überdenken, vielleicht sogar überschlafen. Eines aber war sicher: Der Krokusfraß war ein glattes Eigentumsdelikt und enthob den Geschädigten der mühsamen Suche nach dem Besitzer des Missetäters.

Das heißt, Hieronymus kann mit ihm machen, was er will.

Umbringen hat er ja schon ausgeschlossen. Das weiß das freche Luder offenbar auch, denn als Hieronymus in die Stube zurückkommt, hat es sich irgendwie aus der Dunkelhaft befreit, sitzt mitten in der Stube, hustet böse und klopft beim Anblick seines Bezwingers mit den Hinterläufen ein Stakkato auf den Stubenboden, das einem Trommler alle Ehre machen würde.

»Flups, so nicht«, ärgert sich Hieronymus, setzt das boshafte Karnickel in die eine Kiste, stülpt die andere drüber und nimmt vorsichtshalber selber Platz darauf, um in Ruhe nachzudenken. Vielleicht hängt's mit dem rebellischen Rumoren des Gefangenen zusammen, dass ihm die Lösung des Problems blitzartig einfällt.

Sie ahnen etwas, Sie erraten es? – Glaube ich nicht.

Aber da ist ja schon der nächste Morgen angebrochen, so frisch und kühl, dass die Vorfreude auf das Osterfest wirklich in der Luft liegt. Hieronymus macht umständlich einen hübsch mit Weidenkätzchen garnierten Henkelkorb auf dem Gepäcksträger seines klapprigen Mopeds fest. Dann fährt er in absolut zufriedener Stimmung in die Stadt, genau gesagt, ins Krankenhaus zur Abteilung jenes netten Doktors, der das Funktionieren seines Herzschrittmachers überwacht. Zwar wäre es ihm lieber gewesen, er hätte den Henkelkorb mit einem schönen Gruß an den Herrn Doktor bei einer der ebenfalls netten Schwestern abgeben können, aber er trifft ihn doch tatsächlich selbst an; so wünscht er halt persönlich frohe Ostern und eröffnet dem erstaunten Medicus ein wenig stockend, er bringe ihm da auch einen Osterhasen für die Kinder – der Herr Doktor habe doch Kinder?

Der Doktor im weißen Kittel schaut den weißen Hasen an, der, Ohren eng angelegt, still und furchtsam im Korb hockt. Dann lacht er laut, lacht unmäßig laut und erfreut, schüttelt den Kopf und ruft ein übers andere Mal: »Na sowas!« und »Dass es sowas gibt!« und »Ein Albino, genau wie ich ihn wollte!« Woraus Hieronymus absolut nicht klug wird, bis ihm der Medicus erklärt: Genau so einen Weißen mit roten Augen wollte er unlängst bei einem Züchter kaufen, der hatte aber nur einen Weißen mit blauen Augen, der für die Kinder auch viel zu groß war. Tja, und der einzige weiße Zwerghase, so bedauerte der Züchter, sei ihm jüngst entlaufen ...

Auf der Rückfahrt nach Andorf muss Hieronymus immer wieder denken, dass es eben doch ein vorbestimmtes Schicksal gibt. Ein wenig hadert er noch mit diesem Schicksal – musste es denn unbedingt den Umweg über seine Krokusse nehmen? Aber dann beendet ein bewährtes Wort die ganze Affäre: schnaps.

DER FINDELHUND

Die Sonntags waren eine reizende Familie. Das fanden nicht nur die Nachbarn, sondern auch der Briefträger, der Bäcker und der Trafikant, ja bis vor kurzem sogar die Lehrer der Sonntagskinder. Die Sonntags strahlten eine Harmonie aus, in der sich gesundes Selbstbewusstsein mit Fleiß und Frohsinn verband, Hilfsbereitschaft und Herzlichkeit allen Mitmenschen gegenüber eingeschlossen. Eine Bilderbuchfamilie, die dem Namen Sonntag alle Ehre machte: Vater Leo war ein liebenswerter Patriarch, Martha die treusorgende Hausfrau, Gattin und Mutter, die Kinder Brigitte und Benno waren 13 und 16. Dass sich Biggi und Benno bei aller familiären Harmonie in Kürze zu eigenständigen Persönlichkeiten entwickeln würden, war vorauszusehen, kleine tägliche Havarien hielten sich aber noch in Grenzen. Bis – ja bis das mit dem Findelhund passierte.

Lauer Sprühregen im März tut dem Garten gut, dachte Martha zufrieden und blickte immer wieder einmal durch die Terrassentür hinaus, während sie die bemalten Eier, rote, grüne, blaue und gelbe, auch rosa- und lilafarbene, mit roten Seidenbändchen am Osterbaum festmachte, obwohl es drei Wochen vor Ostern war. Dann rückte sie die Bodenvase mit der fröhlich-bunten Pracht an den Palmkätzchenzweigen ein Stück weiter ins Wohnzimmer herein, sodass man die Terrassentür ungehindert öffnen konnte. Vorsichtig, um den wertvollen Perserteppich nicht zu beschmutzen, schüttete sie aus einem Plastiksack trocken rieselnden Sand in die Bodenvase, um sie standfest zu machen.

Zu Marthas hervorragendsten Eigenschaften zählte ihre Fähigkeit, die Folgen einer Handlung abzusehen, noch während sie handelte. Daher lautete einer ihrer pädagogischen Lieblingssprüche: Alles, was der Mensch tut, hat Folgen, im Großen wie im Kleinen. Und sie war sich dieser Wahrheit stets bewusst.

Das Standfestmachen der Bodenvase etwa geschah in der weisen Voraussicht, dass die Hauskatzen Mona und Lisa, jung und verspielt, wie sie waren, mit Sicherheit im Osterbaum ihre Turnübungen machen würden wie zu Weihnachten im Christbaum, nur dass sie es jetzt eben auf die schwingenden bunten Eier abgesehen haben würden und nicht auf Lebkuchen und Glaskugeln.

Übrigens hatte Martha auch bei der Namensgebung für die Hauskatzen die Folgen bedacht: Mona und Lisa. Wem stand da nicht sofort die Monalisa eines gewissen Leonardo da Vinci vor Augen? Am dergestalt dokumentierten Naheverhältnis zur Kunst konnte jeder halbwegs intelligente Gast den hohen Bildungsstand der Familie Sonntag mühelos und sozusagen nebenbei erkennen.

Und jetzt fieberten die beiden auf dem altrosa Biedermeiersofa bereits ihrem Auftritt entgegen: Mona, graugetigert, und Lisa, rabenschwarz mit weißem Brustfleck, beide wohlgenährt und wohlgepflegt und mit mutwillig funkelnden Bernsteinaugen. Wohlgefällig betrachtete Martha ein paar Augenblicke lang die Idylle häuslicher Behaglichkeit, um sich dann mit selbstbewusstem Hausherrinnenschritt in den Keller zu begeben, wo die Waschmaschine nach dem letzten Schleudergang bereits stillstand. Wie nach geheimer Vereinbarung schrillten zur gleichen Sekunde Marthas Mobiltelefon in der linken Schürzentasche und die Hausglocke, letztere dreimal kurz und einmal lang, Biggis Zeichen. – Und da sage noch jemand, eine Hausfrau habe keinen Stress, dachte Martha stolz, begann das Telefongespräch mit der Nachbarin über die optimale Kochzeit von Germknödeln und rief zwischendurch in die erste Etage hinauf: »Benno! Hörst du denn nicht?« und nach dem zweiten ungeduldigen Klingeln an der Haustür: »Benno! So mach doch schon auf! Das ist Biggi!«

Es war Biggi, sie kam vom Nachmittagsunterricht. Ihr kecker blonder Haarschopf war ziemlich nass. Neben ihr wedelte erwartungsvoll ein riesiger Schäferhund. Sein gewaltiger Schädel reichte Biggi genau an den Ellenbogen. Es war ein semmelbrauner Schäfer mit grauschwarzer Decke, und sein dickes Winterfell war auch ziemlich nass.
Benno starrte die beiden verständnislos an. Der plötzliche Wechsel von den Geheimnissen der höheren Mathematik, über denen er in seinem Zimmer gebrütet hatte, zum Anblick seiner Schwester samt vierbeinigem Begleiter verschlug ihm die Sprache.
»Ein Findelhund«, erklärte Biggi knapp, »verlaufen oder verstoßen.« Sie legte ihre Beschützerhand auf den Riesenschädel. »Er tut nichts. Die Kinder auf dem Spielplatz sehen ihn seit Mittag herumstreunen. Er hat Hunger.«

»Hunger« war ein Schlüsselwort in Martha Sonntags Leben, seit sie Hausfrau war. Daher brachte sie weniger das plötzliche Auftauchen eines fremden Hundes aus der Fassung als die Tatsache, dass er Hunger hatte. Selbst die Entfernung zwischen Waschküche und Haustür hinderte sie nicht daran, die eingefallenen Flanken des armen Tieres wahrzunehmen. Sie ließ Wäsche Wäsche sein, beendete das Telefongespräch unhöflich-abrupt und versprach dem Fremdling in begütigendem Tonfall eine Knackwurst. Der Hund gab keinen Laut von sich, seine Miene war konzentrierte Erwartung, sein Blick reinste Treuherzigkeit.

In Bestzeit verschlang er die aufgeschnittene Knackwurst und danach das Suppenfleisch von Mittag. Dann rätselte man, immer noch vor der Haustür, über seine Herkunft. Die ebenfalls ziemlich nassen Kinder vom Spielplatz – nach Marthas Urteil arme Geschöpfe, weil die Eltern sich doch ganz augenscheinlich um ihre Rangen nicht kümmerten – umstanden stumm in respektvollem Abstand die Szene.

Lang könne das Vieh noch nicht unterwegs sein, stellte Benno in seiner altersbedingt rüden Art klar, von eingefallenen Flanken keine Spur, der Kerl sei wohlgenährt, aber für gewöhnlich mögen die Leute keine fettgefütterten Hunde. Sie aber – damit meinte er natürlich seine Mutter –, sie mäste Katzen und Vögel und Meerschweine und die Familie, sofern sie sich lasse. Mutter und Tochter fanden die Bemerkung taktlos und streichelten, in Tierliebe vereint, den schweifwedelnden Findling. Über den Gestank seines dicken nassen Fells und die Hundehaare an ihren Fingern verloren sie kein Wort.

Solche Liebesbeweise erzwangen förmlich einen Akt hündischer Unterwerfung, und der Bezwungene wälzte sich alsbald enthusiastisch auf dem Fußabstreifer hin und her, dass dort ganze Büschel schwarzer und brauner Haare hängen blieben. Dabei riss er das Maul bis zu den übergroßen Stehohren auf, als lachte er vor Wonne.

»Klar«, bemerkte Biggi fachkundig, »ungebürsteter Pelz juckt«, und Martha Sonntag rief entsetzt: »Er hat ja ganz stumpfe Zähne! Abgeschliffen! Wer macht denn sowas?«

Während man sich noch über die Barbaren von Hundebesitzern empörte, die um ihrer eigenen Sicherheit willen einem gesunden Hund die Zähne abschleifen, stürzte der Gast aufgeregt ins knospende Rosenbeet, genau gesagt auf dessen Einfassung. Was Vater Sonntag im Herbst sorgfältig mit Steinen ausgelegt hatte, wühlte der Hund in kürzester Zeit um, packte den größten Kiesel mit dem Maul und legte ihn Martha vor die Füße. Biggi fand das einfach süß, Martha sagte: »Nicht zu fassen! Er schleift sich selbst die Zähne!« und Benno kommentierte die Schändung des Rosenbeetes mit einem sarkastischen »Da wird Vater sich aber freuen!«

Wer bringt es nach so viel Vertraulichkeiten übers Herz, einen herrenlosen Hund von der Tür zu jagen? Wenn noch dazu der laue Sprühregen in einen echten Regen überzugehen beginnt, hat man doch ein Alibi, den Fremdling ins Haus einzulassen – selbstverständlich nur in die Diele und nachdem Mona und Lisa zu ihrer eigenen Sicherheit im Wohnzimmer eingeschlossen waren.

Der Hund beschnüffelte unter dem wachsamen Auge der drei Sonntags zunächst die Garderobe, hechelte über die zahlreichen Schuhpaare, die hier nicht ganz ordentlich aufgereiht standen, nahm Katzenfährten auf und verlor sie wieder. Er wurde immer hektischer, ja hysterisch und füllte die ganze Diele mit seiner Anwesenheit. Seine riesige Zunge schien vor Aufregung noch zu wachsen.

»Je länger die Zunge, desto blöder der Hund«, sagte der Sohn des Hauses im Abgehen und wollte es angeblich noch einmal mit den Geheimnissen der höheren Mathematik versuchen.

Während der ungebärdige Gast, weitere irre Gerüche witternd, die Kellertreppe zur Waschküche hinabjagte, verkündete Biggi entschlossen: »Ich behalte ihn.« Sie fühlte sich, seit sie zum ersten Mal konsequent verliebt war, sehr erwachsen; und Mutter wusste doch, dass sie sich schon lange einen Hund wünschte.

Mutter verstand zwar den spontan geäußerten Wunsch der Tochter sehr gut, aber um eine Generation älter und weiser, sah sie Komplikationen voraus. Also sagte sie diplomatisch: »Schatz, das geht nicht so ohne weiteres. Er gehört ja wem. Er hat ein Halsband mit Marke.«

»So ruft doch endlich die Polizze an!«, machte Benno einen starken Abgang, dann knallte er seine Zimmertür mit Nachdruck zu.

Mit Hilfe der Polizei und der Nummer auf der Hundemarke war der Besitzer rasch ermittelt, kein Problem; nur war letzterer offensichtlich nicht daheim, denn niemand hob das Telefon ab.

»Er sucht seinen Hund«, vermutete Martha Sonntag scharfsinnig, »da kann er nicht gleichzeitig beim Telefon sitzen.«

»Soll sich ein Handy zulegen«, schmollte Biggi, um auch etwas zu sagen.

Keller und Diele rochen bereits intensiv nach nassem Hund. Im Keller gefiel es ihm anscheinend nicht, er beschnüffelte und beleckte mit Hingabe die Schuhe der Familie. Als jemand heftig an die Terrassentür im Wohnzimmer pochte, knurrte er und schielte nach einem Fluchtweg.

»Dass Vater auch immer hintenherum ins Haus kommen muss«, ärgerte sich Biggi und versuchte den Hund durch heftiges Streicheln zu beruhigen, während Martha die Terrassentür öffnete und die Katzen, gekränkt ob der Haft, ins Freie entwischten.

»Seit wann haben wir einen Hund?« Leo Sonntag, Subdirektor der Danubia-Versicherung, war überrascht, aber gut gelaunt.

»Seit einer Stunde«, sagte Biggi, »er tut dir nichts.«

»Nett von ihm. Wie heißt er denn?«

»Hat er nicht gesagt. Er ist mir nämlich zugelaufen.«

»Aha, dir zugelaufen.« Skeptisch betrachtete Leo Sonntag den ungebetenen Gast. »Dann wollen wir doch rasch mal sehen, wohin er gehört.« Der Arbeitstag des Subdirektors war ziemlich ermüdend gewesen.

»Mutter telefoniert gerade mit seinem Besitzer«, sagte Biggi schnippisch. »Dass ihr ihn alle draußen haben wollt – komisch ...«

Aber die Sache komplizierte sich völlig unerwartet. Am anderen Ende der Leitung meldete sich jetzt zwar jemand, dem Angerufenen war der treue Begleiter jedoch keineswegs entlaufen, sondern lag friedlich zu Füßen seines Herrn, wie dieser glaubwürdig versicherte; die Anruferin solle doch, so der joviale Rat, noch einen zweiten Blick auf die Hundemarke werfen, darauf stehe auch das Jahr der Gültigkeit.

Die Marke des fremden Hundes war vier Jahre alt.

»Ich rufe das Tierheim an«, entschied Leo Sonntag. Der Rest seiner guten Laune war aufgebraucht. »Jawohl, die sollen ihn holen. Schließlich bringen wir seit Jahren unsere besten Küchenabfälle hin.«

Dass er »wir« und »unsere« sagte, ließ Martha kurz zusammenzucken. Der Ernst der Lage aber ließ sie schweigen.

Trotz der unbestrittenen Güte der Küchenabfälle weigerte sich die Dame vom Tierheim, einen erst vor Stunden entlaufenen Hund aufzunehmen. Man solle fremde Tiere eben nicht mit Futter ins Haus locken, meldete Leo Sonntag verärgert nach dem unfreundlich beendeten Gespräch. »Aber mir reicht's jetzt«, schloss er erbittert, »ich lass' ihn auf die Straße raus. Jeder halbwegs intelligente Hund findet wieder heim.«

»Ich versuch es noch beim Tierarzt«, übernahm Martha wieder einmal resolut die Vermittlung, »er müsste das Tier doch kennen, so ein Prachtexemplar gibt es in der ganzen Siedlung sicher nur einmal.«

Das Prachtexemplar verhielt sich, als ahnte es seine baldige Vertreibung, auffallend ruhig, das heißt, man hörte keinen Laut von ihm; offenbar wusste aber Biggi Bescheid über seinen momentanen Aufenthaltsort, das beruhigte.

Der Tierarzt ordinierte nicht mehr, schließlich war es 17 Uhr vorbei, aber seine Assistentin war noch da, und die versicherte, es gebe im ganzen Bezirk nur einen Streuner dieser Größe und der gehöre der Zahnärztin Silvia Grübel.

Bei Silvia Grübel informierte der Anrufbeantworter: »Wir sind auf Urlaub. In dringenden Fällen wenden Sie sich an – «

In diesem Moment knallte und ballerte es im Haus, als wäre ein ganzer Sprengsatz in die Luft gegangen. – Der Hund! Wie konnten sie auch nur das Ungeheuer aus den Augen lassen!

Die Verwüstungen markierten den Weg des Höllenhundes von Biggis Zimmer bis in den Keller: Ein Bücherregal hatte sich wie eine Bombe entladen, Blumentöpfe und die Bodenvase entleerten mit dumpfem Getöse ihren Inhalt, Glastüren klirrten – und die entsetzten Eltern fanden ihren Sohn im Obergeschoss an Biggis zerwühltem Bett stehen, in dem Hundehaare und Dreckpfoten Zeugnis gaben von dem, was vorgefallen war. »Dass ihr euch auch nicht kümmert«, schleuderte ihnen Benno wütend entgegen.

Biggi war – wohlweislich – in die andere Richtung gelaufen und wurde im Keller fündig: Hinter den leeren Bierkisten versteckt suchte das verschreckte Untier dem Strafgericht zu entgehen.

Gerade als Leo Sonntag nach einer geeigneten Waffe suchte, schrillte die Hausglocke, lang und ungedul-

dig. Jeder der Anwesenden verband die Wahrnehmung mit dem Herzenswunsch: Möge es jemand
sein, der den Hund abholt! Biggi fügte vermutlich
noch hinzu: damit ihm nichts geschieht!

Vater Sonntag riss die Haustür auf. In der Dämme-
rung nahm man die Umrisse eines sehr großen Mannes wahr, hinter ihm schemenhaft die Kinder vom
Spielplatz, immer noch. Martha knipste das Ein-
gangslicht an. Der Mann sah genau so aus, wie Land-
streicher, Einbrecher und Mörder in Fernsehkrimis
aussehen. Er hatte einen wilden grauen Bart und
kniff die Augen besorgniserregend zusammen.
»Mein Hund!«, forderte er mit rauer Stimme – nein,
er sagte: »Mei' Hunt!«, und es klang sehr bedrohlich.

»Ihnen gehört das Mistvieh also«, stellte Leo Sonntag
fest mit so viel Empörung in der Stimme, wie die
Größe des Fremden gerade noch zuließ. Die Kinder,
die ihn offenbar zum Haus gelotst hatten, hielten sich
abwartend im Hintergrund.

»Wo is' mei' Hunt?«, fragte der Mann langsam, jedes
Wort betonend. Aber das wäre eigentlich gar nicht
mehr nötig gewesen, denn der Hund hatte sein Bier-
kisten-Versteck blitzartig verlassen, als er die Stimme
seines Herrn vernahm, er rannte Martha und Biggi
trotz ihrer geleisteten Zuwendungen beinahe über
den Haufen und sprang nun, vor Wiedersehensfreu-
de winselnd, an dem Fremden empor.

»Trixi Platz!«, befahl der, und Biggi, der auch nichts
Besseres einfiel, sagte patzig, Trixi sei doch kein
Name für einen Hund. Zum Glück verstand sie nicht,
was der Mann darauf antwortete.

Martha musterte den schäbigen Aufzug des Fremden, sie erfasste das Bedrohliche der Situation und dachte, wie es ihre Art war, sofort an die möglichen Folgen des Besuchs. Deshalb gab sie sich besonders liebenswürdig und fragte, natürlich in Erwartung einer abschlägigen Antwort, ob der Herr nicht hereinkommen wolle. Leo Sonntag blickte seine Frau entgeistert an: Wie konnte sie nur diesen Menschen im Ernst einladen, ins Haus einzutreten, einen Kriminellen, vielleicht gar Mörder, der nur seinen Revolver noch nicht gezückt hat ...

Ein langgezogenes »Naaaaa« ließ ihn aufatmen. Die Schnapsfahne aus dem Mund des Mannes war deutlich wahrnehmbar. Ein besoffener Strolch. Der machte Anstalten zu gehen, den Hund am Halsband haltend. Die Nachbarskinder stoben davon.

»Wo wohnen Sie denn?«, fragte Leo Sonntag schnell und böse, »falls das Vieh – ich meine, Ihr Hund – wieder einmal vor unserer Haustür steht.«

Der Riese, obwohl beim Wenden nicht mehr ganz sicher auf den Beinen, merkte sofort die Schlinge, in der man ihn fangen wollte. Sein verkniffenes Gesicht dem Hausherrn zugeneigt, zischte er: »Hat des Viech was angestellt in Ihrem schönen Haus? 'leicht was hingemacht, ja? Freut mich!«

»Wo Sie wohnen, möchte ich wissen!«, herrschte der Hausvater ihn an. Der Hund knurrte.

»Ah, die Polizei wollen S' mir auf'n Hals hetzen?« Der Mann grinste. »Wo i' wohn'? Manchmal im Asyl, manchmal unter der Bruck'n. Oder in'n Park – obdachlos nennt man das, falls Sie mich einmal besuchen wollen« – er sprach jetzt betont nach der Schrift.

»Haben Sie Hunger?«, unterbrach Martha, ihrer Meinung nach müsste ein Obdachloser Hunger haben.

»Naaaa!« und »Von Ihna nehmat i' gar nix, Sie san ma nämlich unsympathisch. Alle!«

Damit drehte er sich entschlossen um und stapfte die Straße hinunter, den Kopf stolz erhoben, den Hund an seinen Fersen. Sonntags schlossen die Haustür.

»Es stinkt nach dem vergammelten Köter«, stellte Leo Sonntag bissig fest, »wir müssen das ganze Haus gut durchlüften.« Er öffnete die Terrassentür weit, was Mona und Lisa als Aufforderung zur Rückkehr nahmen.

»Obdachlos!«, empörte er sich und schaute seiner Frau zu, wie sie die Scherben in der Diele aufkehrte, »obdachlos! Aber einen Hund halten, groß wie ein Kalb! Soll was arbeiten, der Kerl, kräftig genug wär' er ja!« und »Schmarotzer!« setzte er noch eins drauf.

»Spießbürger!«, brüllte Benno stimmbrüchig von der Treppe herunter, »weil du dir nichts anderes vorstellen kannst als arbeiten, arbeiten, arbeiten! Dass Menschen auch Probleme haben könnten, das passt halt so gar nicht in dein Weltbild!«

»Du mit deinen Problemen!«, brüllte Leo Sonntag in Richtung Sohn, »hör' mir auf mit dem blöden Weltbild-Gerede!«

Martha ließ die letzten Scherben in den Mülleimer gleiten und dachte dabei krampfhaft nach, wie sie die Debatte beenden könnte, bevor sie ausartete – ja, lieber die Schuld auf sich nehmen. »Ich hätte ihn nicht einladen sollen«, sagte sie weinerlich, »am Ende überlegt er sich's und kommt wieder. Wir müssen doch ein Scherengitter anschaffen für die Terrassentür – nein, aber so bös wie der war ...«

»Schwachsinn«, mischte sich nun auch Biggi lautstark in den unerfreulichen Diskurs ein. Biggi, die Hauptschuldige, die doch lieber schweigen sollte, sagte verächtlich: »Schwachsinn. Dieser Mann ist nicht bös, der liebt nämlich seinen Hund. Und wer liebt, ist kein schlechter Mensch!«

Doch bevor die Diskussion ins Prinzipiell-Idealistische abglitt, gab es neuerlich einen Krach im Haus – kein Schuss wie vorhin, aber ein gewaltiges Rumpeln, es kam aus dem Keller – »nochmal das verdammte Hundevieh?«

Es war der Stapel leerer Bierkisten, hinter denen der Hund Zuflucht gefunden hatte und die sich erst jetzt – vielleicht durch die Schreierei in der Diele berührt, man weiß vom Eigenleben der Dinge ja viel zu wenig – in Bewegung setzten.

Die Missstimmung blieb, auch nachdem alle Zimmer gelüftet und die Spuren des Findelhundes beseitigt waren. Irgend etwas war außer Vasen und Blumentöpfen noch in Brüche gegangen, vermutlich das Bilderbuch-Image oder das Familienattribut »reizend«. Nur Mona und Lisa räkelten sich wieder anmutig auf dem altrosa Biedermeiersofa.

Gottes Lamm

Über verlorene Schafe, die wiedergefunden wurden, herrschte stets große Freude, und das nicht nur im Himmel. Wenn einer aber ein Schaf findet, bevor ein anderer es verloren hat, wird die Freude problematisch.

Die Geschichte hat sich in den letzten Märztagen des unseligen Jahres 1945 im Fränkischen Jura zugetragen. In diesen Märztagen schwollen nicht nur die Flüsse vom Schmelzwasser an, sondern mit ebensolcher Heftigkeit die Flüchtlingsströme aus dem Osten. Das hing damit zusammen, dass die Front bedrohlich näherrückte.

Das Feuern der schweren Artillerie, gestern noch als ungewisses, dumpfes Grollen vernehmbar, war heute nicht mehr zu überhören. Die Armeeführung machte verzweifelte Abwehrversuche und schickte dem andringenden russischen Heer Panzer und Soldaten entgegen, die anderswo hastig abgezogen worden waren, dazu Volkssturmleute, das traurige letzte Aufgebot. Wehrmachtsfahrzeuge kreuzten sich mit den Flüchtlingskolonnen, Rad- und Achsbrüche und andere Pannen sorgten dafür, dass die meisten Straßen bald heillos verstopft waren. Kein Wunder also, wenn viele der Flüchtlingswagen, meist Pferdegespanne oder Ochsenkarren, einheimischen Führern anvertraut und gegen Entgelte, über die niemand redete, auf Nebenwegen dem Gefahrenbereich zu entkommen trachteten.

Ein solcher Schleichweg führte steil bergauf an dem Einschichthof vorbei, auf dem Anna Leberecht mit ihren zwei Kindern sich allein abrackerte, seit Mann und Knecht zum Militär eingezogen waren und die beiden Kriegsgefangenen, die sie an ihrer Stelle zur Arbeit zugeteilt bekommen hatte, auf nicht geklärte Weise verschwanden. – Der Junge, Heiner, war wohl schon recht brauchbar; er war grobknochig und kräftig wie seine Mutter, und Anna fürchtete deshalb sogar, man könnte ihn noch zu diesem selbstmörderischen Volkssturm holen, aber er war gerade erst 13 vorbei und noch ein rechtes Kind. Klari mit ihren acht Jahren dagegen sah aus wie eine Sechsjährige, das kam daher, dass sie von Geburt an kränklich war.

Als die ersten Trecks mit den Flüchtlingen auf der schmalen Sandstraße erschienen, sperrte Anna Leberecht die Kinder ins Haus, verbot ihnen strengstens, sich auch nur am Fenster zu zeigen, und verrammelte das Hoftor mit Balken und dem alten Leiterwagen. Sie selbst beobachtete durch den Vorhang die vorbeifahrenden Fahrzeuge und wunderte sich, was die Menschen auf den Wagen oder auf ihren Rücken alles mit sich schleppten, wovon sie meinten es in Zukunft noch zu brauchen.

Manchmal hielt so ein Treck auch an, die Leute kamen mit Flaschen und Blechkannen an den Brunnen oder sie tränkten ihre Tiere am Brunnentrog. Ab und zu probierte einer am Hoftor herum, klopfte oder schrie etwas, jedoch vergeblich. Anna war gewiss nicht mitleidlos, aber in solchen Zeiten ist einem das

Hemd eben näher als der Rock, und seit ihr Unbekannte in einer Sturmnacht die einzige Kuh aus dem Stall gestohlen hatten – das Pferd war schon früher geholt worden, ganz offiziell für militärische Spanndienste, die schriftliche Bestätigung dafür lag in der Lade des Küchentisches –, seither war in Anna jeder Funke von Hilfsbereitschaft erloschen. Wer den Hühnern den Hals umgedreht hatte, das hätte sie sogar sagen können – aber wem hätte sie es sagen sollen? Recht- und Gesetzlosigkeit, jener bittere Zustand der Auflösung aller Ordnung, betraf Flüchtlinge wie Einheimische gleicherweise. Es blieb also gar nichts anderes übrig, als sich einzuigeln und auf ein baldiges Kriegsende zu hoffen; ob es ihr auch den Mann zurückbringen würde, wagte Anna nicht einmal zu denken.

Das mit der Kuh und den Hühnern war ja besonders schlimm wegen Klari. Nicht nur, dass frische Milch und Eier für das kränkliche Kind nun abgingen, litt Klari auch seelische Schmerzen um die verlorenen Tiere; sie war an ihnen gehangen, als wären es menschliche Wesen. Hatte ihnen auch entsprechende Namen gegeben: Der schwarze Hahn war Hubert, er krähte oft fünfmal hintereinander und stürzte sich angriffslustig auf jeden Eindringling, verlässlicher als ein Hofhund; seine beiden letzten Hennen hießen Nora und Dora und fraßen Klari aus der Hand; und die Kuh Rosi bekam ihren Namen für ihr weiches, rosiges Maul, das sie gern in Klaris mageren Nacken drückte. – Immer wieder fragte das Kind mit weinerlicher Stimme, was mit den Tieren Böses geschehen sei und ob es wohl helfe, wenn man für sie bete; die Mutter sagte dann: Ja, tu das.

Aber so war es nun einmal, und so musste man's hinnehmen. Stand nicht in der Bibel, es werde kein Stein auf dem anderen bleiben? Und hieß es da nicht auch: Seid wachsam, denn ihr wisst nicht den Tag und die Stunde? – Ach, gar nichts wussten sie von der Zukunft, nicht einmal, was der nächste Tag bringen würde, und manchmal zweifelte Anna stark daran, ob auf Gottes Wort überhaupt noch Verlass sei. Am Ende blieb doch jeder für sich selbst verantwortlich.

Wachsam war Anna Leberecht auch an jenem frühen Morgen, als wieder etliche Pferdewagen sich zu ihrem Hof heraufquälten. Wie Schemen schienen sie ihr zuerst zwischen den Bäumen hervorzukommen, ganz und gar unwirklich klang auch das Bähen und Meckern an ihr Ohr: Da trieb einer seine Schafe und ein paar Ziegen ins Ungewisse – nein, vielleicht nur ins nächste Dorf oder ins übernächste, weil er dort Verwandte hatte. Anna kannte niemanden von den Leuten, sosehr sie, hinter dem Vorhang stehend, auch ihre Augen anstrengte, und den wild bellenden Hirtenhund hatte sie in der Gegend noch nie gesehen.

Dann gab es ihr aber einen Stich – die trieben doch wahrhaftig die ganze Herde in ihren Garten! Wut stieg in ihr hoch. Natürlich, der niedergebrochene Zaun, von wendenden Fahrzeugen immer wieder angefahren, der war kein Schutz. Und keine schreiende Bäuerin vor dem Haus, da dachten die wohl, der Hof sei schon verlassen. Dabei zeigte sich im Garten das erste Grün, Kräuter, aus denen sie vielleicht bald Salat machen konnte, und die rupfte ihr das fremde Viehzeug unter Bähen und Meckern ab!

Ihr Zorn war noch nicht verraucht, da bellte der schwarze Hirtenhund die Herde wieder hinaus auf die Straße, wo es vor dem Brunnentrog ein heilloses Durcheinander von Menschen und Tieren gab, ein Schreien und Fluchen, so laut, dass Anna es wagen konnte, durch die Seitentür aus dem Haus zu schlüpfen. Geduckt hinter den bereits knospenden Büschen erreichte sie das bähende Jungschaf, das sie vom Fenster aus im Garten umherirren gesehen hatte. Sie packte das verschreckte Tier mit harter Hand, stieß es in die Abtritthütte, warf ihm blitzschnell eine Rossdecke über, die noch an der Tür hing als Schutz gegen den Wintersturm, und legte leise den Riegel vor. Dann blieb sie hinter der Hütte hocken, bis der Treck abgezogen war.

Das Herz klopfte ihr, dass es zwischen den Rippen schmerzte: Was, wenn die ihre Schafe zählten und den wilden Hirtenhund zurückschickten?
Es blieb alles ruhig, unheimlich ruhig, wie ihr vorkam. Anna erhob sich schwerfällig, strich ihre Schürze glatt und ging langsam ins Haus, um zu überlegen, was weiter zu tun sei. Sie überzeugte sich, dass die Kinder noch schliefen, also konnte sie nach dem gefangenen Tier sehen.
Als Erstes musste sie denken: Was wird Klari dazu sagen? Wie sollte sie ihr beibringen, dass ihre Mutter

ein Schaf gestohlen hat? Ja, gestohlen! – Klari ging im Kloster, eine halbe Wegstunde vom Hof entfernt, das zweite Jahr zur Schule. Sie liebte die geistlichen Schwestern, die sie stets für ihre kindliche Frömmigkeit lobten, und seit sie lesen konnte, liebte sie die frommen Bücher. Anna hatte ja nichts dagegen, von ihr aus konnte das Kind auch einmal eine geistliche Schwester werden, aber manchmal störte sie der kleine Tugendbold.

Der Abtritt stank mehr als sonst, bildete Anna sich ein. Vorsichtig zog sie die graue, verfilzte Decke hoch. Das junge Schaf lag benommen auf der Seite. Anna stieß es mit der Fußspitze an, sein Fell war weich und weiß. Es hob den Kopf, machte aber keine Anstalten aufzustehen, sondern sah Anna mit jenem wehen Blick an, mit dem Tiere sich in ihr unabwendbares Geschick ergeben. Und ohne dass ihr bewusst wurde, woher das kam, stand plötzlich ein anderes Bild vor ihren Augen, das Bild, das in der Klosterkirche hing, worunter stand: Agnus Dei, Lamm Gottes. Das verwirrte Anna dermaßen, dass sie schnell wieder die Tür verriegelte und ins Haus zurücklief. In diesem Augenblick wünschte sie sich, die Flüchtlinge hätten das Fehlen des Tieres entdeckt und kämen es holen.

Heiner war schon auf, sie musste es ihm sagen, bevor er in den Garten hinausging. Während sie ihm das Vorgefallene kurz angebunden erklärte, verblasste das Bild des Gotteslammes, und die in Worte gesetzten Tatsachen vertrieben Annas Gewissensbisse.

Der Junge reagierte wie ein Mann: »Wir müssen es schlachten. Sofort. Und Klari bleibt im Haus, Herrgottnochmal!«

Klari blieb in in der Schlafkammer, verängstigt ob dem ungewohnt rauen Befehlston des großen Bruders. Sie wagte sich erst in die Küche, als die Mutter bereits die Fleischstücke wusch und dann kleingeschnitten in Töpfen auf den Herd setzte. Heiner brachte aus dem Keller einen Armvoll verstaubter Einmachgläser und stellte sie auf dem Küchentisch ab, bevor er sich mit einem scharfen Blick aus dem Fenster überzeugte, dass die Straße menschenleer war und er die Gläser am Brunnen waschen konnte.

»Was tut ihr da?«, fragte Klari und machte große Augen.

»Einwecken, das siehst du ja.«

»Und woher ist das viele Fleisch?«

Stehlen und Lügen ist eins. »Geschenkt bekommen. Ein Schaf.«

»Wer hat's uns denn geschenkt?«

»Frag nicht so viel.«

Als Klari nickte und verständnisvoll sagte: »Uns haben sie ja auch die Kuh gestohlen«, wusste Anna nicht, was sie davon halten sollte, und schwieg.

Bei der Fleischsuppe, in die Anna noch einen Rest Rollgerste eingekocht hatte und die vorzüglich schmeckte, fiel es Klari ein zu fragen, ob es ein ausgewachsenes Schaf oder noch ein Lamm gewesen sei.

»So zwischendurch. Warum?«

»Weil – ein Lamm kriegt man auch in der Kirche zu essen«, erklärte Klari wichtig, »und der Pfarrer sagt dazu: ›Seht das Lamm Gottes, das hinwegnimmt die Sünden der Welt.‹«

Heiner lachte: »Da hat's uns wohl der Pfarrer geschenkt, das Schaf!«

Anna sagte nichts, aber irgend etwas brannte sie wie eine frische Wunde. Dann räumte sie mit den Kindern die Einmachgläser in den hintersten Winkel des Kellers und schwor sich, das Versteck zu verteidigen, was immer auch geschehen würde.

Wenn er in späteren Jahren die Geschichte ihres wunderbaren Überlebens erzählte – und das tat Heiner oft und gern und sicher auch ein wenig ausgeschmückt –, lobte er stets die Umsicht und die Courage seiner Mutter.

»Trotzdem«, schloss er meist, »ihr ging's nach bis ins hohe Alter. Und ich glaube, sie hat's auf dem Sterbebett noch gebeichtet, dass sie damals ein Schaf gestohlen hat. Ein Lamm Gottes.«

NACHRUF AUF EINE KATZE

Gelacht habe ich früher über die Behauptung, ältere Leute hätten einen anderen Zeitbegriff als die jungen. Ach was, habe ich gesagt, eine Stunde ist eine Stunde und ein Jahr ist ein Jahr. Für alle. – Aber gelebte Zeit wird mit einem anderen Maß gemessen als die noch ausstehende. Das lerne ich allmählich begreifen. Gelebte Zeit ist erfüllte Zeit, die Zukunft liegt im Ungewissen. Und die Gegenwart läuft umso schneller, je öfter die Bilder der Vergangenheit hereindrängen; und je klarer sie ihre Bedeutung offenbaren.

Dein Bild zum Beispiel, kleine, anmutige, schnurrende Maunz.

Wenn meine Hände sich nach deinem seidigen Fell sehnen, dann nicht nur, weil ich das Streicheln über ein Katzenfell als lustvoll empfinde. Mit der sinnlichen Erinnerung steigen auch die Jahre deiner Gefährtenschaft mit allen freudigen und tragischen, bedeutenden und unbedeutenden Ereignissen aus der Vergangenheit herauf in meine Gegenwart.
Maunz. So habe ich dich vom ersten Tag an gerufen. Mit dem mütterlichen Fühllaut: Maunz. Und du hast mich auch vom ersten Tag an als die Menschenmutter anerkannt. Nicht nur, weil ich die Futtergeberin war.

Von den Kindern sind dir ja alle möglichen und unmöglichen Namen zugemutet worden: Bella, Fifi,

Susi, Pussy, Smokey, Caro, Cora und sogar Karoline, sobald feststand, dass du eine Katze und kein Kater bist. Und sobald feststand, dass du nicht nur unsere Urlaubskatze für einen Sommer sein wirst, sondern ein Mitglied der Familie für viele Jahre. – Es blieb bei Maunz.

Ob wir dir das Leben gerettet haben, damals, als du streunend und halb verhungert zu uns kamst und dich geweigert hast, uns je wieder zu verlassen, das kann ich nicht sagen. Vermisst hat dich keiner, wir haben in den Bauernhöfen der Umgebung – bereits mit klopfendem Herzen – nachgefragt. Aber in einem ärmlichen Landstrich, wo die abgelegten Kleider, die wir jeden Sommer mitbrachten, bis zum letzten Faden aufgetragen wurden, vermisst keiner eine junge Katze. Mit acht oder zehn anderen im Stall von der Mäusejagd und einer kärglichen Schüssel Milch leben, das wäre wahrscheinlich auch dein Schicksal gewesen, hättest du nicht das Abenteuer gewagt. Es war kühn von dir. Denn wie viele Familien in Ferienhäusern gab es damals schon in jenem Umkreis, der für deine doch noch recht zarten Pfoten zu erwandern war?

Nein, Maunz, ich will deinen Einstand bei uns durchaus nicht als unser alleiniges Verdienst hinstellen. Ich habe mir später ja oft die Frage gestellt, ob nicht schon ein fixer Plan bestand, nach dem du und wir füreinander bestimmt waren. Frag mich nicht, wer solche Pläne für euch und uns macht, ich könnte nur sagen: Gott allein weiß es ...

Dass du aber Sensoren besessen hast, ein ganzes System vorzüglicher Sensoren, davon bin ich auch heute noch felsenfest überzeugt. Übrigens ist die Existenz solch geheimnisvoller Sinnesorgane den Tierpsychologen auch nicht fremd.

Deine Sensoren haben dich einfach zu uns geführt, nehme ich an. Und du musst auch schon gewusst haben, worauf du dich bei uns einlässt. Du bist also plötzlich auf unserer phloxumblühten Terrasse gesessen, die Vorderpfötchen artig aneinandergestellt, und hast nicht gebettelt, sondern gewartet, ob man dir etwas anbieten wird, ob man dich annimmt.

Stimmt nicht. Die Kinder haben dich schon vorher auf der Wiese erspäht. Du bist ganz konzentriert vor einem Mauseloch gesessen, haben sie erzählt, und hast es scheinbar gar nicht gemerkt, als sie sich leise anschlichen und dich vorsichtig streichelten. Aber vielleicht hast du's als Einladung aufgefasst. Gefangen hast du die Maus wohl nicht.

Die Kinder waren über dein lautloses Erscheinen entzückt. Eine junge Katze zum Spielen! Der Ferienalltag auf dem Land wird ja auch bald langweilig.

Ralf riet mir besorgt, dich nicht in die Küche einzulassen, während ich dir die Reste des Mittagessens auf einem flachen Teller anrichtete: zwei Löffel Rahmgemüse, ein paar Kartoffelstückchen, eine Scheibe Extrawurst. Wir waren auf Katzenbesuch nicht eingerichtet.

Du warst so taktvoll, an der Terrassentür zu warten, hast aber jede meiner Bewegungen verfolgt mit deinen grünblauen, weit aufgerissenen Augen.

Gefressen hast du gar nicht sehr vornehm wie Katzen sonst, den Teller hast du vollkommen sauber geleckt, ebenso die Milchschüssel, die ich dir zur Abrundung deines Menüs gebracht hatte. Später hast du dann immer einen oder zwei Bissen übriggelassen, wohl zum Zeichen, dass du nun im Überfluss lebst. Da warst du auch schon wohlgenährt und wir alle haben behauptet, du seist die schönste Katze der Welt.

Das war natürlich gewaltig übertrieben und wir wussten es auch. Du warst weder eine Siamesin noch eine Perserin, keine Angora, ja nicht einmal eine Halbangora, sondern eine, wie es tausende gibt, halb Tigerchen, halb weiß. (Die Kinder regten sich fürchterlich auf, weil im Katzenbuch »gemeine europäische Kurzhaarkatze« stand.) Aber dein kräftig gezeichnetes schwarz-graues Kopf- und Rückenfell, das sich in den Querstreifen des wohlgeformten Schwanzes fortsetzte, bildete einen scharfen Kontrast zum reinweißen Fell an Kehle, Bauch und Pfötchen, wie man ihn eher selten findet.

Möglich, dass meine Erinnerung dich verklärt. Das geschieht ja mit allem, was wir einmal geliebt haben. Das Schönste jedoch – und das ist jetzt keine Verklärung –, das Schönste waren deine Augen: groß, grünblau und klar wie Bergwasser, auf deren Grund geschliffene Kiesel schimmern, umrandet von winzigen schwarzen Härchen, als hätte die Natur mit dem Eyeliner einer eleganten Dame gearbeitet.

Für deine hübsche Ausstattung konntest du nichts. Auch nicht für das stupsige Katzenkinderprofil mit dem kaum wahrnehmbaren braunen Fleck am rosa Schnäuzchen, von dem die Kinder behaupteten, sie würden dich daran unter tausend anderen wiedererkennen.

»Hundert genügen«, grollte Ralf in einer Art Vorahnung, dass sich so ein reizendes Geschöpf nicht einfach fortschicken ließe. Und dass auch eine Winzigkeit wie du damals in Kürze zum Mittelpunkt einer ganzen Familie werden könne.

Ich muss ja heute noch lachen über Ralfs Versuch, dich loszuwerden, bevor seine Vorahnung sich erfüllte. Ein kläglich gescheiterter Versuch. Erst redete er den Kindern ein, nach der Mahlzeit brauche eine Katze Ruhe. Dann bettete er dich im Auto auf den Rücksitzen, wo du dir's in einer Decke vertrauensvoll bequem machtest. Und als niemand auf ihn achtete, fuhr er heimlich mit dir davon. Dass das Auto weg war, merkten die Kinder natürlich bald, sie waren verzweifelt und gleichzeitig wütend auf den hinterlistigen Vater. Bis Ralf zurückkehrte mit einer großen Portion Eis für jeden – und mit dir auf den Rücksitzen.

»Ich hab's nicht gekonnt«, flüsterte er mir entschuldigend zu.

»Was nicht gekonnt?«

»Sie aussetzen. Sie hat mich nur angeschaut ...«

Tja, dein Sphinxblick, Maunz. So sagten wir im Spaß und meinten es ernst. Mit diesem Blick konntest du uns Menschen in all unserer eingebildeten Überlegenheit in deinen Bann schlagen. Auch mir – bei aller Verbundenheit mit dir – blieb er zeitlebens ein Rätsel, das ich nicht zu lösen vermochte. Die letzte Brücke von dir zu uns fanden wir nicht. Aber das ist wohl auch gut so, denn jedem Wesen steht sein Geheimnis zu.

Was war das doch für ein Sommer, dieser erste Sommer mit dir!

Genau genommen drehte sich alles um dich. Es begann schon mit der zärtlichen Begrüßungszeremonie am Morgen, dann folgten unerwartete Lustigkeitsausbrüche und ebenso unerwartete Kratzorgien, Versteckenspiel im ganzen Haus oder weinerliche Proteste, wenn die Familie zum gemeinsamen Wandern aufbrechen sollte (was plötzlich einsetzendes und zum Glück lang andauerndes Regenwetter ohnedies bald verhinderte). Es gab das stolz präsentierte, noch zappelnde Feldmäusel (»Schämst du dich nicht, du Mörderin!«) und den Kampf um das junge Rotkehlchen (dass wir ihn gewannen, hast du uns einen ganzen Tag lang nicht verziehen). Es gab sonntägliches Schlagobers-Schlecken und die allabendliche Suche: Wo hat sie sich heute wieder versteckt?

Wir lernten die verschiedenen Maunztöne unterscheiden, die zärtlichen, dringlichen, klagenden, warnenden, wütenden und die behaglichen, die ganz plötzlich in lautes Schnurren übergehen konnten, bei dem deine Haarspitzen zu beben anfingen und nicht nur die Barthaare. Wir lernten die vielfältigen Zeichen deuten, die dein beredter Schwanz uns gab, vom kaum wahrnehmbaren Zittern bis zum erregten Peitschen. – Es gab Lieblingsplätzchen zum Dösen und wilde Jagden nach Schmetterlingen und Heuschrecken durchs hohe Gras, aus dem dann irgendwo zwei spitze Ohren verräterisch zuckten.

Wie tief verankert sind diese Erinnerungen. Auch die Erinnerung daran, dass Ralf und ich lange Regenspaziergänge machen durften in diesem Sommer, während du unsere Rasselbande daheim in Atem gehalten hast. Wie dringend wir diese Zeit für uns und für langentbehrte Gespräche gebraucht haben! Ralf verstieg sich einmal zu der spaßhaft geäußerten Behauptung, du habest uns sogar eine Ehekrise erspart. Ich habe ihm nicht widersprochen.

Dass wir dich am Ende der Ferien in die Stadt mitnehmen würden, stand längst fest. Katzenbücher wurden besorgt, Katzenpflege studiert, die Kinder waren eifrig am Plänezeichnen für die katzengerechte Umgestaltung unserer Wohnung. Wir sahen eine Menge von Problemen auf uns zukommen. Du hast sie in deiner Katzenweisheit fast alle gegenstandslos werden lassen, ob es sich nun um das Eingewöhnen in einer abgeschlossenen Stadtwohnung handelte oder um das neuerliche Umgewöhnen, wenn wir dich im Sommer aufs Land mitnahmen und tausend Ängste ausstanden, du könntest dich verlaufen, überfahren werden oder Rattengift fressen. Wir haben uns an deine Ausflüge über Dächer oder durch fremde Gärten gewöhnt, haben dir deine Freiheit gegönnt, weil du immer wieder zu uns zurückgekommen bist; haben die Heimkehrerin vom Staub fremder Keller und vom Stroh fremder Kuhställe gesäubert und kleine Wunden verarztet. Und waren jedesmal glücklich, dich wiederzuhaben.

Dass uns die Kinder mit der Botschaft überraschten, man müsse dich jetzt sterilisieren lassen, sonst würdest du dreimal im Jahr rollig, verdankten wir ihrem intensiven Studium der Katzenbücher. Zwar hängte unser Sohn die Bemerkung an, dass es gegen die Natur sei und er nicht auf der Welt wäre, wenn ich mich hätte sterilisieren lassen – welch scharfsinniger Vergleich! –, aber unsere Tochter klärte ihn prompt auf über die Unannehmlichkeiten einer Schwangerschaft. Frühreife Kinder. – Ralf beendete die Debatte zum Gaudium aller mit dem Rezitieren eines Gedichts, von dem ich nur noch den Schluss weiß: »Was fang' ich an mit 56 Katzen?«

Deine erste Begegnung mit dem Tierarzt geschah also nur um deines eigenen Wohles willen. Ob du es ebenso empfunden hast, wusste ich auch nicht, als ich dich vom Tierspital abholte – du hast das Ausgeliefertsein an fremde Menschenhände stumm und stolz bewältigt. Damals ahnte ich noch nicht, wie schwer mir der zweite Gang mit dir hierher sein würde. Aber daran will ich jetzt nicht denken. Noch nicht.

Ich habe oft über das Wort »zähmen« nachgedacht. Zähmen heißt doch in seiner besten Bedeutung, sich vertraut machen, an ein anderes Lebewesen anpassen und es als Partner anerkennen? Oder denke ich da zu idealistisch? Zähmen heißt nach meinen Erfahrungen mit dir sicher nicht: unterwerfen. Und ich kann heute im Rückblick behaupten, auch du hast uns Menschen in gewisser Hinsicht »gezähmt«: Wir haben gelernt, Respekt zu haben vor der Lebensart anderer Wesen.

– Und ich für mein Teil habe an dir immer wieder bewundert, wie man sich mit Anstand und Entschiedenheit behaupten kann, wenn man auch noch so klein ist! Kein Zwang, keine Unterwerfung, trotzdem liebevolles Zusammengehören.

Unlängst las ich irgendwo, der Mensch wäre das einzige Lebewesen, das fähig sei, über sich nachzudenken. Der das niederschrieb, hat dich nicht gekannt, Maunz, und nicht gesehen,wie du deine »philosophische Viertelstunde« hattest und unbeweglich meditierend auf dem Fensterbrett gesessen bist. Was hättest du da anderes getan als nachzudenken über dich – und über uns, deine Menschen? Du hast es mitgekriegt, dass die Familie sich verändert hat, als die Kinder flügge wurden, was ja normal ist und den Eltern trotzdem viele sorgenvolle Stunden bereitet. Du hast deine Anwesenheit einfach als Therapie angeboten. Und damals, an diesem schrecklichen Tag, als Ralf mir nicht wiederkam, hast du's früher gewusst als ich, warst unruhig, hast gesucht und geklagt, wie ich es nie vorher von dir gehört habe – und hast plötzlich nicht mehr gesucht, bist nur dagesessen wie erstarrt ...
Damals hast du dich geweigert, mich in dein weiches Fell weinen zu lassen, hast mich angefaucht, eines der seltenen Male. Dann hast du dich irgendwo verkrochen, wo ich dich nicht finden konnte. Ich legte es so aus, dass dir mein Zusammenbruch, meine Heulerei der Situation nicht angemessen schien, vielleicht war ich dir zu ich-bezogen; du hattest eben eine andere Art, mit dem hereingebrochenen Unglück fertig

zu werden, eine andere Trauer, aber nicht minder tief. Vielleicht habe ich mir das auch nur eingebildet. Mir war's ein Trost.

Später, als alles vorbei war und die Trauer milder wurde, hast du die Rolle einer Gesellschaftsdame übernommen. Eine gesetzte Katzendame, die nicht mehr spielte, manchmal ungnädig war, aber noch intensiv schnurrte zu den feststehenden Zeiten des Tages: am Morgen zur Begrüßung, am Abend in der Behaglichkeit des Ausruhens und zuweilen auch untertags, je nach Laune und Wetter.

Auch jetzt denke ich noch manchmal: Ich hätte es nicht tun sollen. Ausgerechnet ich habe dich ausgeliefert. Einschläfern lassen! Wie harmlos das klingt. – Einmal noch hast du leise geklagt und mir einen Blick gegeben, den ich nicht vergessen werde. Dann bist du ganz schnell eingeschlafen.

Dass du schon alt warst und krank und dass man dir doch Schmerzen ersparen wollte, so haben sie mich getröstet, nachher. Aber der Tod schafft immer nur diese beklemmende Leere: Wo etwas war, ist plötzlich nichts mehr.

Ich schreibe das alles für mich selber auf. Weil mich immer wieder die Sehnsucht nach dir überfällt und mit dir nach allem, was die Jahre erfüllt hat, die du mit uns gelebt hast. Und wie ich mich im Erinnern an dein weiches Fell, dein Schnurren und deine Bergwasseraugen nach diesen Jahren zurücksehne. Und dass ich mir wünsche, du würdest mir noch einmal mit deinem rosa Pfötchen die Wange abtasten und mich mit den weit aufgerissenen Bergwasseraugen anstaunen, als wäre ich ein Wesen von einem anderen Stern. Nein, dir gebührt es, ein Wesen von einem anderen Stern genannt zu werden – wie alle Katzen, die mit Menschen in Freundschaft leben.

Vergessen könnte ich dich nie. Vielleicht sichert dir mein Nicht-Vergessen-Können den Katzenhimmel. Und du kommst von dort einst wieder zu uns. Wie damals ...

DIE ENTSCHEIDUNG

Romantisch? Nein, wirklich nicht. Vielleicht manchmal ein bisschen sentimental, wie jeder Mensch. Aber neugierig aufs Leben, auf Veränderung, auf Abenteuer ...

Sie waren sich auch einig darüber, wie das heute zu laufen hat zwischen sportlichen jungen Paaren: gemeinsame Events, Segeltörns mit Freunden, nette Stunden, Spaß miteinander und aneinander, und das war's dann auch.

Beziehungen müssen einfach locker und nochmals locker sein, versicherten sie einander. Und damit brachten sie auch diese lästige innere Stimme zum Schweigen, die immer wieder Fragen stellte nach einem dauerhaften Glück und ob man es überhaupt finden könne, allen Ängsten und früheren Enttäuschungen zum Trotz.

Eine ganze Weile schon schlenderten sie auf einem vielbegangenen Wanderweg, der im lichten Laubwald wie plattgewalzt aussah. Sie machten Witze über die Pensionistenpaare, die schweigend ihre verzogenen Hündchen an der Leine zerrten. Sie schüttelten sich vor Lachen, wenn sie einem einsamen Jogger hinterheräfften, der sie keuchend überholt hatte. Hanna stand Udo in nichts nach. Sie spielten sich die Unbeschwertheit Fünfzehnjähriger vor und waren fast doppelt so alt.

Ein schmaler Seitenpfad lockte sie, in enger Umarmung durch das dichte Grün zu schlüpfen, mit der freien Hand das Gezweig wegzuhalten und wieder zurückschnellen zu lassen. Wenn man flirtet und schäkert, haben ernste Fragen, auf die man ernste Antworten geben müsste, keine Chance.

Der Pfad schlängelte sich zwischen den hochgewachsenen, hellen Buchenstämmen bergan bis zum Waldrand und mündete in einen kaum ausgespurten Wiesenweg. Der Wind trug ihnen feuchtwarme Luft entgegen, die schwer war von Düften aus Erde, Gras und Blüten. In der blendenden Sonne stehend, fanden sie es schön, das hohe Gras in Wellen heranbranden zu sehen und darin die nickenden Margeritenköpfe wie bräutlichen Schmuck in Nixenhaar.

Es war eine weite, sanft abfallende Wiese, in deren Mitte ein einzelner Baum mit einer mächtigen, ebenmäßigen Laubkrone stand.

»Eine Eiche? Eine Buche?«, fragte Hanna, »oder eine Linde?«

Sie konnten es nicht erkennen, die Entfernung war zu groß.

»Ein Riese jedenfalls«, sagte Udo im Weitergehen, »einer, der sich zu behaupten wusste.« Plötzlich schien ihm etwas einzufallen, was ihn selbst überraschte. »Irgendwo hab' ich da unlängst ein Bild gesehen, ein Gemälde von so einem modernen Maler, Namen weiß ich nicht mehr –«

»Na und?« Hanna war ein wenig erstaunt. Dass Udo sich für Gemälde interessiert?

»Ja, und auf dem Bild war ein Baum zu sehen, ein Riese wie dieser hier, aber der Stamm war offen, das heißt« – es kam ihm schwierig vor, wie er es jetzt beschreiben sollte – »du musst dir vorstellen, da war eine Tür in dem Stamm und die Tür war offen.«

»Aha. Und was war drin?«

»Das ist ja das Merkwürdige: ein Haus. Ja, ein Haus, ich glaube einstöckig, mit beleuchteten Fenstern, es machte einen irgendwie heimeligen Eindruck. Und drunter stand, wart' einmal – ja, jetzt weiß ich's wieder: Die Stimme des Blutes.«

»Hm, ganz interessant«, sagte Hanna, »vielleicht hat der Maler einfach den Stamm-Baum wörtlich genommen.«

»Kann sein«, überlegte Udo, »Stammbaum würde passen. Irgendwas mit Zuhause hat er wohl gemeint oder – oder er wollte einen Zauberbaum malen«, und mit einem verlegenen Lachen fragte er: »Könntest du dir vorstellen, Hanna, dass der da vorne auch ein Zauberbaum ist?«

Sie zögerte, nickte. »Warum nicht? Er schaut zwar nicht so aus, als hätte er einen hohlen Stamm, aber er ist alt und hat tiefe Wurzeln. Da ist er sicher auch sehr weise.«

»Ja, aber wenn er wirklich ein Zauberbaum wäre«, Udo betonte den Zauber, »dann müsste man sich doch was wünschen können?«

Hanna sah ihn von der Seite an. »Du hast also Wünsche.«

»Du nicht?«

»Hm – schon. Wünsche hat jeder. Meistens sind sie unerfüllbar.«

»Der Zauberbaum erfüllt aber jeden Wunsch«, sagte Udo hartnäckig und mit einer weit ausholenden pathetischen Geste, »jeden!«

»Du glaubst wirklich dran?«, fragte Hanna unsicher.

»Natürlich. Und du – willst du's nicht drauf ankommen lassen?«

»Doch«, sagte Hanna und noch einmal, fast trotzig: »Doch!«

Sie folgten dem Wiesenweg.

Vorhin hatten sie über die Pensionistenpaare gespottet, weil die nichts miteinander zu reden wussten. Jetzt gingen auch sie schweigend nebeneinander. Den Unterschied fühlten sie: Was die Alten nicht mehr konnten oder wollten, das vermochten sie beide noch nicht. Sie waren noch so unvertraut miteinander, irgendwie ratlos. Und jedes spürte nur die eigene Bangigkeit; grenzte sich ab gegen den anderen, als führte der etwas im Schilde, etwas, das unabsehbare Folgen haben würde.

Was weiß ich schon von ihm, dachte Hanna, außer dass er Clubbings liebt, gern im Internet surft und sich zu modernen Bildern was denkt?

Was weiß ich schon von ihr, dachte Udo, außer dass sie Techno mag, gern segelt und ihren Beruf liebt?

Wenn er mir eine Partnerschaft auf Probe vorschlägt, dachte Hanna, so eine, aus der man weggehen kann, wann man will – was sage ich? Unsicherheit als Preis für die Freiheit, danke nein?

Bin ich auf dem Weg mich auszuliefern, dachte Udo, auszuliefern an ein unbekanntes Wesen, das vergnügungssüchtig oder arbeitswütig ist – oder nur egoistisch wie die meisten?

Wenn er das Thema Heirat anschneidet – gibt der Trauschein vielleicht mehr Sicherheit, erregte sich Hanna im Stillen, was habe ich wirklich vom goldenen Käfig?

Da sagt man immer, sinnierte Udo vor sich hin, wir Jungen hätten es heute so gut, wir könnten doch frei entscheiden – aber weiß ich, ob's diesmal die große Liebe ist und nicht der große Irrtum?

Ein Zeichen, wünschte Hanna sich inbrünstig, ein Zeichen von oben!

Da ist doch keiner, grollte Udo innerlich, keiner, der dir den richtigen Weg zeigt ...

Eine Linde war es, jetzt konnten sie es genau erkennen. Sie bestätigten einander mehrmals: tatsächlich, eine Linde – als ob es nichts Wichtigeres gäbe, als dass dies eine Linde war, die Tausende von Blüten angesetzt hatte. Noch ein paar Schritte, dann würden sie sich unter dem Laubdach ins schüttere Gras setzen und den Zauber auf die Probe stellen –

In diesem Augenblick erschreckte sie schrilles Vogelgeschrei. Aus dem Blätterrauschen der Baumkrone klang angstvolles Piepsen, aber so durchdringend, als wäre ein Leben bedroht, ein kurzes Flügelschwirren folgte und ein kleiner grauer Federball fiel genau vor ihnen ins Gras und bewegte sich nicht mehr.

Die beiden standen starr, aber nur einen Atemzug lang, dann trat Hanna rasch zu dem abgestürzten Vogel und hob ihn vorsichtig auf.

Tote Tiere greift man nicht an, drängte es Udo zu sagen, von toten Tieren wird man krank! Merkwürdig, dass ihm jetzt diese Warnung einfiel, die er als Kind immer wieder zu hören bekam. Aber er sagte es nicht, er war gebannt von dem, was Hanna tat.

Sie hätte ihn auch kaum gehört. In der Schale ihrer hohlen Hand hielt sie die graue Armseligkeit. Den starren Körper, die dünnen Lidhäutchen über den Augen und die verkrampften Krallen betrachtete sie mit so viel Liebe, dass sie Udo ganz verändert vorkam: Dieses Gesicht kannte er nicht!

Hanna brachte ihren Mund so nahe wie möglich an das leblose Körperchen, ohne mit den Lippen daran zu rühren. Mit gesammelter, beinahe andächtiger Miene hauchte sie es behutsam an, dass der graue Flaum sich sanft bewegte. Das wiederholte sie einmal, zweimal, dreimal. Udos Anwesenheit hatte sie vergessen, sie war mit dem kleinen Findling allein, allein auf der Welt. Zärtlich berührten ihre Fingerspitzen die graugefiederte Brust, die geschlossenen Lider. Und wieder hauchte sie das Vögelchen an, wie man es tut, wenn jemand sehr friert. Und im Rhythmus ihres Atems wiegte sie den Reglosen hin und her, hin und her, als wäre er ein schlafendes Kind.

Plötzlich streckte der Vogel die Krallen und wandte den Kopf. Der kleine Körper ruckte in Hannas Hand, die Schleier hoben sich von den Augen, die Flügel regten sich wie zur Probe – und blitzschnell sich um die eigene Achse drehend, fuhr der Erweckte mit ei-

nem grellen Zwitscherlaut, halb Angst und halb Triumph, aus der schützenden Schale. Und wie er sich schwirrend gegen die Sonne hob, war sein Gefieder gar nicht mehr grau, sondern golden. – Ein kurzes Blätterrauschen, dann war es still. Auch der Wind hatte sich gelegt.

Hanna fand als erste die Sprache wieder: »War doch nur bewusstlos, der kleine Kerl.«
»Der war tot!«, widersprach ihr Udo heftig, »ich hab's doch gesehen: Tot war er und du hast ihn zurückgeholt ins Leben, du mit deinem Atem – du hast ihn gerettet, Hanna!«
Sie wehrte verlegen lachend ab, aber er bekräftigte: »Du hast ihn gerettet – es war ein richtiges Wunder, das du getan hast!«
»Nicht ich«, sagte sie und schüttelte heftig den Kopf, »ich kann keine Wunder wirken. Aber ich glaub' fast – es war das Zeichen. Das hab' ich mir nämlich gewünscht.«
»Du auch?«, fragte er und fasste Hannas Hände. »Dann haben wir also beide ein Zeichen bekommen – *unser* Zeichen?«

Als sie den Weg zurückgingen, sagte Hanna nachdenklich: »Es ist zwar nicht die Möwe Jonathan gewesen – aber er ist in die Freiheit geflogen, der Kleine.«
Udo verstand. »Nichts gegen die Freiheit«, sagte er und atmete tief durch. »Aber weißt du, ich für mein Teil brauch' dafür schon jemanden, der ab und zu ein kleines Wunder tut. Und der, nein: *die* an meiner Sei-

te bleibt – beim Fliegen, mein' ich. In guten – wie heißt das nur schnell? In guten und – ?«

»In guten und in schlechten Tagen«, lächelte Hanna, »ja.«

VORSTADT-LADY

Die Schottenhofstraße ist heute noch eine stille
Vorstadtstraße von großzügiger Breite, mit sauberen
ein- bis zweistöckigen Häusern aus Vorkriegszeiten,
davor kleine quadratische, gemeindeeigene Rosen-
beete und halbhohe Kastanienbäume. An diesem Er-
scheinungsbild der Schottenhofstraße hat sich nicht
einmal etwas geändert, als die U-Bahn in nächster
Nähe eine moderne Endstation bekam, und auch die
vielstöckigen Neubauten stehen alle stadteinwärts.
Inhaber der Tabaktrafik ist nach wie vor Herr Haase,
gleichzeitig Hausbesitzer; Frau und Tochter helfen im
Geschäft bei Bedarf, im Besonderen aber am Morgen,
wie früher mit.
Gleich nebenan die Reparaturwerkstätte für Motorräder, ein auffallend hässlicher, ebenerdiger Ziegelbau
mit angerostetem Gittertor; sie ist immer noch geschlossen. Es wird sich auch so schnell kein Käufer
finden.
Genau gegenüber in dem – schon wieder! – frisch geweißten Einstockhäuschen befindet sich Dr. Weyrauchs Tierarztpraxis.
Das kleine Café an der Ecke zur nächsten Quergasse
hat schon bessere Zeiten gesehen. Es versucht sich
jetzt als Tanzcafé, nachdem die Motorradfreaks von
damals, die mit der Geschichte von Lady aber nur
am Rande zu tun haben, nicht mehr kommen.

Lady war eine italienische Dogge und gehörte dem
Meister Sedlak, Besitzer der Reparaturwerkstätte für

Motorräder. In der Schottenhofstraße konnte man sie zum ersten Mal sehen an eben jenem Tag, als Dr. Sebastian Weyrauch das goldene Schildchen mit den Ordinationszeiten an seinem frisch geweißten Wohnhaus anbrachte. Es war ein sonniger Apriltag, der Asphalt schon ganz angenehm warm, sodass Lady sich auf dem Gehsteig lang hinstreckte und sich die Sonne auf den Bauch scheinen ließ. Die Kinder machten einen großen Bogen um das unbekannte Monstrum, und die alten Frauen, die ihretwegen auf die Straße ausweichen mussten, sagten »schiachs Viech«, was soviel wie: hässliches Tier bedeutet.

Am nächsten Morgen fand in Haases Tabaktrafik die erste Vorlesung des neu zugezogenen Tierarztes statt, besser gesagt, ein gezielt von ihm geführtes Gespräch, dem noch viele folgen sollten.
Gespräche drehen sich, man kann es auch bildlich nehmen, wie ein zwangloser Reigen um ein bestimmtes Thema. Sie sind unterhaltend und informativ zugleich, und für Dr. Weyrauch hatten sie noch den besonderen Wert der Werbung für seine soeben eröffnete Praxis: Er konnte vor Publikum, das im engen Tabakladen zusammengedrängt seinen Worten lauschte, mit großer Beredsamkeit seine Kompetenz unter Beweis stellen, was Tiere im Allgemeinen und Hunde im Speziellen anging. Klugerweise kam er nicht unmittelbar auf Lady zu sprechen, sondern erzählte erst einmal launig und ausführlich, dass er ja ursprünglich Kynologe werden wollte, das heißt Hundeforscher oder zumindest Hundezüchter, und diesen Wunsch habe er bereits von Kindesbeinen an gehabt,

exakt seit ein geduldiger Spitz ihm die Gehschule ersetzt und das Gehen auf den eigenen zwei Beinchen beigebracht hatte.

Die vorwiegend älteren Zuhörer, die stets zur gleichen Stunde ihre Tageszeitungen, Illustrierten, Rätselhefte und Lottoscheine, seltener Zigaretten holten, lachten bereitwillig über den so offensichtlichen Kontrast zwischen Kinderbeinchen und den enorm langen Beinen des Doktors. Mit seinen Bodyguardmaßen überragte er sie alle, den Trafikanten ausgenommen, der aber stand hinter seinem Ladentisch auf einem Podest, des besseren Überblicks wegen.

Tja, und da er aus keiner stinkreichen Familie kam, so erzählte Dr. Weyrauch freimütig weiter, und auch nicht die Absicht hatte, in einen Hundezuchtbetrieb einzuheiraten, weitete er seine Liebe eben auf die gesamte Tierwelt aus und studierte Veterinärmedizin. Die Einblicke in die Methoden so mancher Rassehundezüchter wie das völlig unnötige Kupieren der Ohren und Schwänze, die Entfernung angeblich überflüssiger Zehen oder gar die Tötung missratener Zuchtprodukte hätten ihm den Beruf eines Kynologen ohnedies verleidet, da sei er ausgesprochen froh, dass er nun in der Schottenhofstraße gelandet sei, Ordinationszeiten von – bis ...

Was aber den Hund des Meisters von nebenan beträfe: Das sei ein äußerst wertvolles und daher auch äußerst teures Tier, wenn Frau – wie war der Name? aha, Navratil – wenn also Frau Navratil es auch als »schiachs Viech« bezeichne, von der Rasse gebe es nämlich nur ganz wenige Exemplare.

»Und wie heißen die schiachen Viecher?«, bekundete die Navratil ihr soeben erwachtes Interesse an teuren Rassehunden.

»Das ist eine Doggenart, Frau Navratil, bei uns kaum bekannt, einen Zuchtverein gibt es, soviel ich weiß, nur in Italien. Dort nennt man sie Mastino Napoletano und führt sie auf die Rasse der römischen Kampfhunde zurück, der Molosser.«

»Kampfhunde? Was denn noch!« Man wunderte sich ausgiebig.

Der Doktor war in seinem Fahrwasser. »Schauen Sie sich nur an, wie dem Hund die Haut ums Gebein schlottert, wie ein zu groß geschnittener Kampfanzug – jaja, sowas kann man züchten!«

»Und wozu soll das gut sein, bittschön?« Die Zuhörerschaft erwartete atemlos eine spektakuläre Antwort.

»Das Tier hat im Kampf größere Bewegungsfreiheit in seiner schlottrigen Haut«, dozierte der Doktor mit Lust, »schauen Sie sich nur einmal die Hautfalten am Hals an oder wie ihm die Kehlwammen vom Unterkiefer hinunterhängen! Aber Achtung, beim Schauen nicht zu nahe kommen!«

»Klar, wenn das ein Kampfhund ist ...«, wiederholte Pepi Przystranek, gewesener Dachdecker, jetzt Rentner, mit hörbarem Respekt.

»Die Römer sollen solche Hunde im Krieg eingesetzt haben, belegt ist es allerdings nicht«, fuhr der Doktor fort, strich ein paarmal über sein blondes Lippenbärtchen und funkelte seine Zuhörer durch die goldgefasste Brille belehrend an, »aber muskelstark waren die Kerle sicher, vielleicht waren sie auch nur Schutzhunde oder Zugtiere.«

»No ja«, überlegte Frau Haase, die ab und zu auch etwas zur allgemeinen Unterhaltung beitragen wollte, »Kraft genug hätt' des Viech, der hat sicher seine 60 Kilo.«

»Ist kein Er, ist eine Sie«, mischte sich der Amtsrat Brenneisen ein, »ich hab' ja gehört, wie der Sedlak sie ruft: ›Lady! Lady!‹« – wobei er das Dialekt-L betont nachahmte, jenes L, das nur ein Einheimischer mittels gewölbter Zunge und eines größeren Luftreservoirs zustande bringt –, »Lady – kann also nur ein Weiberl sein!«

»Das ist sicher die Schnapsidee von der Lisi gewesen«, stellte Herr Haase mit Nachdruck fest, »wahrscheinlich hat *sie* das Weiberl wollen – vielleicht wird sie eine Kolosser-Zucht anfangen!«

»*Mo*losser, Herr Haase«, verbesserte ihn der Tierarzt nachsichtig, »Molosser. Und wer ist die Lisi?«

Aber an diesem Morgen konnte man sich nicht einigen, ob Lisi oder Elise oder wie Herr Haase behauptete: »Jetzt heißt die Urschel ja Ilaissa« – Herr Haase hatte ein gutes Ohr für phonetische Feinheiten; die Klärung des Namens und die Beschreibung der Person blieb den nächsten Morgengesprächen vorbehalten.

Alltägliche Rituale ergeben sich nur scheinbar von selbst. Aber im Grunde sind sie abhängig vom Zusammentreffen bestimmter Faktoren: von einem ergiebigen Thema, immer wiederkehrenden Gewohnheiten – und den entsprechend interessierten Menschen natürlich. Vor der Eröffnung der tierärztlichen Praxis in der Schottenhofstraße etwa wären die in Kürze ritualisierten Morgengespräche undenkbar gewesen, wenn auch Haases Trafik immer schon eine gewisse Anziehung auf die Alteingesessenen ausübte. Aber es fehlte der Mittelpunkt, der Doktor, und es gab noch keine Lady. Und wie bei jedem interessanten Thema erwartete man sich ja eine Entwicklung der Dinge. Allerdings war ein tragisches Ende damals, am Beginn der Morgengespräche, durchaus noch nicht absehbar.

Lisi oder Eliza– der Doktor war also interessiert daran, was es mit ihr auf sich hatte, war sie laut Aussage des Haaseschen Publikums doch maßgeblich an Ladys Anschaffung beteiligt gewesen und Lady, beziehungsweise die Dame konnte möglicherweise einmal seine Praxis konsultieren.

Dame! – die Lisi sei doch keine Dame, erregte sich die Pospischil, nie gewesen! Als kleiner Friseurlehrling habe sie angefangen in einem Laden, der heute leider nicht mehr existiere, die Besitzerin war ins Pensionsalter gekommen und habe verkauft – nein, eben nicht an die Lisi, die hatte zu diesem Zeitpunkt schon zu viele Flausen im Kopf, die Provinzlerin. Und falls der Doktor nicht wisse, was für einen Bewohner der Vorstadt – aber immerhin Stadt – diese Bezeichnung bedeute, wurde ihm erst einmal umständlich auseinandergesetzt, wo die Einzugsgebiete der zahllosen Provinzler in ihrer Stadt sich befänden.

Gut, die Lisi war also aus dem Dorf gekommen, provinziell und schüchtern, hatte die Meisterin mit ihrer Ungeschicklichkeit hin und wieder an den Rand der

Verzweiflung gebracht, lernte jedoch recht schnell. Dumm war sie ja nicht. Die Meisterin war streng mit dem Mädchen, ebenso die Tante, bei der sie wohnte, da gab es also nichts mit Burschen und so – glaubten alle. Lisi aber war eine ganz Raffinierte und machte ihre Erfahrungen so insgeheim, dass ihr keine Aufpasserin auf die Schliche kam. Ihre Erfolge wurden offenbar, als sich der erste potente Freund einstellte, potent in Hinblick auf seine Finanzen, er besaß immerhin ein gutgehendes Beisl in der Vorstadt und einen rasanten Sportwagen, mit dem er die Lisi ganz offiziell ausführte. Seine ernsten Absichten wurden auch bald bekannt: Lisi sollte die Branche wechseln und in seinem Geschäft als Kellnerin – Barfrau – Köchin, einfach als Mädchen für alles tätig werden.

Aber Lisi dachte nicht daran. Sie hatte erst einmal ihre wilden Jahre mit wechselnden Bekanntschaften und wechselnder Haarfarbe, bis sie an den Meister Sedlak geriet – oder er an sie, aber es war kein großes Wunder, sie arbeiteten immerhin jahrelang in unmittelbarer Nähe zueinander und Lisi pflegte regelmäßig Sedlaks schon etwas schütter werdendes Haupthaar.

Nein, es war nicht Liebe, sondern Berechnung. Sedlak hatte nämlich geerbt, sowas kommt vor, Lisi hatte Wind von der Erbschaft bekommen und Sedlak war Junggeselle. Kurz und gut, sie zog in seine Wohnung, besorgte deren angemessene Ausstattung – Geschmack hatte sie ja, das sah man an ihrer modischen Erscheinung, sie hatte alles dazugelernt, was eine Großstädterin so braucht –, führte auch den Haushalt ganz anständig, wie man hörte. Und man hörte eben sehr gut von der Schottenhofstraße bis in die drei Gassen weiter entfernte Wohnung Sedlaks, weil dort doch die Schwester von der Pospischil ihrem Schwager Hausbesorgerin war. Vom Meister selbst kam kein Wort über Veränderungen oder Pläne, es war nicht seine Art, so viel zu reden, nicht beim Friseur noch in Haases Trafik, wo er fallweise Zigaretten oder eine Kugelschreiberfüllung kaufte; aber man konnte ihm die Zufriedenheit vom Gesicht ablesen, und er begann, offenbar auch unter Lisis Einfluss, seine Tätigkeit auszudehnen, recht logisch übrigens: von der Reparatur zum Kauf und Verkauf gebrauchter Motorräder.

Und sie selbst, Lisi, statt dass sie das nette Geschäftchen ihrer Chefin übernommen hätte mit dem ganzen netten Kundenstock – zugegeben, vorwiegend ältere bis alte Frauen á la Navratil mit geringen Ansprüchen an einen Haarkünstler oder eine Kosmetikerin –, stattdessen erstand sie stadteinwärts eine sogenannte Boutique für allerhand modisches Zeug, hier auch abfällig »Fetzen« genannt, wogegen die Haasesche Tochter aber energisch protestierte, und ließ sich ab nun Eliza rufen. Die Boutique hieß konsequenterweise »Elizas Boutique«.
Naja, und weil sie eben schon zwei Geschäfte hatten und natürlich auch zwei Autos, einen BMW und einen Mercedes, wenn auch gebrauchte, musste noch etwas angeschafft werden, womit man auffiel, etwas, das sonst keiner hatte. Das war dann eben Lady, das »schiache Viech«.

Schön war Lady ja nun wirklich nicht. Zwar glänzte ihr haselnussbraunes Kurzhaarfell in der Sonne und zeugte von sorgfältiger Pflege, aber schon der traurige Blick aus roten – ja, blutroten – Lidhäuten heraus, mit dem sie die Vorgänge in der Schottenhofstraße beobachtete, fand Dr. Weyrauchs Publikum widerwärtig, da konnte er von auffälligen Rassemerkmalen erzählen, soviel er wollte. Eine einzige Zuhörerin bekundete ein gewisses Mitleid, weil sie weniger auf die Lidhäute als auf den traurigen Blick achtete. Aber sie erlebte eine herbe Enttäuschung, als sie sich – Hundefreundin, die sie nun einmal war – auf ein Gespräch mit Lady einlassen wollte: Sie erntete ein dumpfes, warnendes Knurren, mehr ein leises Grollen aus Ladys dickhäutiger Kehle, und Dr. Weyrauch erläuterte ihr am nächsten Morgen, sie müsse sich eben zuerst mit dem Meister Sedlak, dem Herrn, befreunden, der Hund würde dann willig folgen, das sei Doggenart.

Aber die Hundefreundin wollte gar nicht näher bekannt werden mit dem schwarzen, schmierigen Mechanikergesellen, wie sie ihn verächtlich nannte, was leicht aus der Unbeliebtheit des Meisters und seiner Klientel hierorts erklärbar war.

Diese Klientel: Motorradfahrer, die von Montag bis Freitag durch die stille Vorstadtstraße brausten, als wäre sie eine Rennstrecke, eine verwegene Schleife vor dem kleinen Café zogen und dann ihre unförmigen, chromblitzenden Zweiräder vor Sedlaks Werkstätte anhielten, um gewichtig abzusteigen und mit dem breitbeinigen Gang von kaiserlichen Bereitern in den Hof des hässlichen Ziegelbaues hineinzustapfen, aufmerksam beobachtet, aber unangefochten von Lady.

»Da sehen Sie, dass ich Ihnen die Wahrheit gesagt habe«, trumpfte Dr. Weyrauch bei der Erwähnung solcher Vorgänge auf, »sie akzeptiert anstandslos die Kundschaft – für sie sind es die Freunde ihres Herrn.«

»Ein Hund mit Geschäftssinn«, konstatierte Herr Haase trocken. »Dabei hat der Sedlak nie einen Hund gehabt, seit er da arbeitet, und er arbeitet schon lang da.«

»Aber dass sich das Viech nicht fürchtet vor diesen verdächtigen Gestalten«, wunderte sich die Navratil, »*ich* tät' mich fürchten ...«

»Verdächtig« war wohl nicht das richtige Wort, in den Lederdressen steckten vermutlich ganz honette und – so ein 500-Kilo-Bock sei teurer als eine Luxuskarosse, belehrte sie Fritz Schindler, Unfallrentner – auch ziemlich betuchte Männer, deren unheimliches Outfit einer alten Frau aber schon als das präsumtiver Verbrecher erscheinen konnte: schwarze Dressen, höchstens mit ein wenig Luziferrot verziert, nietengenagelt und von satanischem Glanz. Dazu diese Riesenhelme mit Visier, von den Fahrern erst im Gehen abgenommen, als zögerten sie, sich verwundbar zu zeigen; sie zeigten dann aber meist nur überlanges Haar oder einen geschorenen Glatzkopf und gelegentlich einen goldenen Ohrring, ein sogenanntes »Flinserl«. Im Übrigen waren es fast lauter Muskelmänner, »gestandene« Mannsbilder, Kraftlackel, die mit den schweren Maschinen umgingen, als wären sie ungebärdige Mustangs; ab und zu war freilich auch ein Leichtgewicht darunter, schätzungsweise Ladys Gewichtsklasse, das bescheiden seine 125-er fuhr, die von den anderen abschätzig als »Gatschhupfer« tituliert wurde; und ab und zu steckte unter so einem Helm auch ein unverbesserlicher, ehrgeiziger Graukopf, der sich auf der Straße noch gar nicht deklarieren wollte, aber die Spindelbeine in den Ledergamaschen verrieten ihn ja trotzdem, wenn er auch seine Kawasaki mit dem Aufkleber »Power Production« versehen hatte.

Probefahrten mit knatterndem Auspuff, nervtötende Leerläufe, erregte Verkaufs- und Ankaufsgespräche, lautstarke Fachsimpeleien, kreischende Radiomusik und hartnäckiges Feilschen um Preise, alles das hörte Lady sich an ohne einen Laut, mit der stillen Anteilnahme eines Geschäftspartners; vielleicht sah sie in den lärmenden Menschen auch nur das Zubehör zu den lärmenden Motorrädern, wer kann das sagen. Von den Kunden wurde sie trotz ihrer auffälligen Erscheinung kaum oder gar nicht beachtet, es schien sie jedoch nicht zu kränken; auch das minutenlange Geknatter oder der Gestank gestarteter Motoren konnte Lady von ihrem Posten nicht vertreiben. Nur die Ölflecken vor der Werkstätte – und wahrscheinlich auch drinnen – umging sie vorsichtig in ihrer tapsigen Gangart. Saß Meister Sedlak mit einer Runde seiner Klientel in oder vor dem kleinen Café, um einen Geschäftsabschluss zu besiegeln oder über seine neuesten Angebote zu berichten, dann drückte Lady sich wie beschützend eng an ihren Herrn und genoss ganz offensichtlich dessen gedankenlose Zuwendung, das Tätscheln und Kraulen, die Linke hatte der Meister beim Rechnen ja frei, wenn sie auch nicht ganz sauber war.

Wie der Umsatz in Sedlaks Geschäft stieg, konnte niemand von den Beobachtern sagen, aber man vermutete horrende Steigerungen. Auch der Kundenandrang war also ein Thema, das immer wieder neue Nahrung für die fortgesetzten Morgengespräche in Haases Trafik bot, nebst Beschwerden über die wachsende Lärmbelästigung, versteht sich, und wortreichen Statements über die »blödeste Erfindung seit dem Ende der Eiszeit«. Ja, Amtsrat Brenneisen verstieg sich sogar dazu, Sedlaks Klientel »Mörder« und »Selbstmörder« zu nennen. Das war doch nicht übertrieben, denn fiel so ein Trumm von einer schweren Maschin' einem auf die Zehen, waren die Zehen hin, fiel es während der Fahrt um, war der ganze Mensch hin. Und ein paar harmlose Spaziergänger am Straßenrand waren, hast du's nicht gesehen, auch gleich weggeputzt! – Amtsrat Brenneisen erntete dafür viel Applaus, aber Dr. Weyrauch verhielt sich neutral.
Herrn Haases Kunden kamen pünktlich, die Uhr hätte man nach ihrem Erscheinen stellen können, jeder hatte schon seinen ersten Schwarzen getrunken und war dementsprechend redefreudig, und im Übrigen lobte man die neuen Kunden, die in diesem Frühjahr das Selbstabholen ihrer Morgenzeitung der unzuverlässigen Postzustellung vorzogen und so Herrn Haases Kundenstock vermehrten, das Lokal aber beinahe zum Bersten brachten.

Auch die Tierarztpraxis profitierte. Selbst wenn weder Lady noch Eliza noch der wortkarge Meister Sedlak neuen Gesprächsstoff geliefert hatten, fesselte Dr. Weyrauch sein Morgenpublikum mit interessanten Kleinvorträgen – der beengten Raumverhältnisse wegen und weil jegliche Sitzgelegenheit in Haases Trafik fehlte, nie länger als ein Viertelstündchen – und schloss jeweils gekonnt mit Werbung in eigener Sache. Was ihm aber in keiner Weise anzukreiden ist.

»Gib dem Menschen einen Hund«, zitierte er wie einen Schlachtruf, »und seine Seele wird gesund!«, antwortete der Zuhörerchor bereitwillig, weil das Sprüchlein mittlerweile bekannt war und alle wussten, was jetzt kam: »Das hat die fromme Hildegard von Bingen schon vor mehr als tausend Jahren empfohlen. Hildegard, das ist die« – »mit den gesunden Rezepten«, tönte es ihm im Chor entgegen und der Doktor nickte zufrieden; »Suppen«, fügte ein ganz Gelehriger hinzu.

»Der Hund ist des Menschen bester Freund, auch heute noch, ja gerade heute, wo es so viele Einsame und Alte gibt – alte Leute sollten den Mut haben, sich einen Hund zu nehmen, es muss ja keine ›Lady‹ sein – «

»Und wer geht mit dem Hund Gassi, wenn ich krank bin, ha?«, erkundigte sich Amtsrat Brenneisen, auch nicht zum ersten Mal, »ich bin 84!«

»Sie haben eine nette Nachbarin«, knurrte Haase, der die Verhältnisse in des Wortes wahrer Doppelbedeutung kennen musste – in seinem eigenen Haus. Schließlich drohte das Gespräch wie jedesmal an diesem Punkt in die Diskussion darüber abzugleiten, was alte Leute mit einem – gar nicht existenten – Hund machen sollten, wenn sie ins Altersheim zögen und wie arm solche Hunde – und natürlich auch Katzen – dann seien.

So schnell ließ Dr. Weyrauch sich aber nicht das Heft aus der Hand nehmen, er hob ein wenig die Stimme und stellte seinem Publikum die Frage: »Und wie geht es Haustieren in der Familie? Glückliche Tiere sind Teil einer glücklichen Familie. Aber«, und jetzt hob er die Stimme noch ein wenig an, »aber wenn in einer Familie gestritten wird, ich meine, unausgesetzt gestritten – ja, glauben Sie, das Tier leidet nicht? Natürlich leidet es, denn es liebt seine Menschen ja! Ein gestörtes Familienleben bedeutet auch: gestörte Hunde, Katzen, Kanari, Goldhamster und so fort. Mit den gestörten Kindern geht man zum Psychologen, und der gestörte Hund oder die gestörte Katze gehört unbedingt zum Tierarzt! Natürlich zu einem, der auf Tierpsychologie spezialisiert ist. Wie ich zum Beispiel. Wenn Sie also ein Haustier kennen, das Hilfe braucht ...«

Was Dr. Weyrauch tatsächlich den Besuch eines schwermütigen Chihuahua und einer aggressiven Perserkatze einbrachte.

»Glauben Sie nie«, mahnte der Doktor zwei Tage später, »dass Mischlingshunde keinen Tierarzt brauchen, weil man ihnen nachsagt, sie seien robuster als die überzüchteten Rassehunde!« Ganz im Gegenteil, jeder Hundehalter sei verpflichtet, auch seinen Spitzpudeldackel zur Impfung und zur Entwurmung zu bringen, man denke nur an die enorme Infektionsgefahr, wenn zum Beispiel Kinder im selben Haushalt lebten oder auch nur zu Besuch kämen! Apropos Besuch: Bei ihm, Dr. Weyrauch, seien alle jene Patientenbesuche billiger, die regelmäßig erfolgten, ein Zuckerl also für alle, die ihre Kleintiere zur Gesundenuntersuchung brächten, Ordination von – bis … Ein Angebot, das dem Vernehmen nach eine weiße Maus, ein bissiger Papagei und ein hysterischer weißer Pudel nützen durften.

»Kleine weiße Hunde«, dozierte der Doktor kurz darauf, »werden von den Menschen ›lieb‹ genannt und für ungefährlich gehalten – sehr zu Unrecht. Das Gemüt eines Tieres hat nichts mit Größe und schon gar nicht mit der Haarfarbe zu tun! Kleine weiße Hunde können beißen wie große schwarze, und es ist eine der himmelschreienden Ungerechtigkeiten zu glauben, dass in einem großen schwarzen, noch dazu zottigen Hund ein Dämon stecke oder der Teufel höchstpersönlich! Bis in die Literatur zieht sich diese bedauernswerte Verleumdung, erzählt von glühenden Teufelsaugen – «
»Aberglaube«, konterte das veterinärärztlich gebildete Publikum. Woraus Dr. Weyrauch schloss, dass er diese These schon ein paarmal gebracht hatte.
»Wissen Sie auch«, lenkte er ab auf ein naheliegendes, aber noch nicht abgenütztes Thema, »dass man Tiere in früherer Zeit auch vor Gericht gestellt hat?«
Das Publikum fand es unerhört und wollte mehr darüber erfahren. So erzählte der Doktor in kurzen Worten vom Spatzenprozess in D., wo das freche Spatzenvolk allen Ernstes durch Richterspruch des

Landes verwiesen wurde. Über den Erfolg der Sache berichtete allerdings kein Aktenvermerk.

»Und das mit dem Rattenfänger von Hameln ist ja auch ein Blödsinn«, behauptete Pepi Przystranek, um seinen weiten Bildungshorizont unter Beweis zu stellen, wurde aber sofort belehrt, dass man sich mit einem Studierten lieber nicht messen soll. »Im Mittelalter«, erläuterte der Doktor, »gab es wirklich Männer, die von Jahrmarkt zu Jahrmarkt zogen und den Leuten anboten, sie von der Ratten- oder auch Mäuseplage zu befreien. Dass dies mit Hilfe magisch wirkender Musik möglich war, ist gar nicht so abwegig, und dass einer, der von der Bürgerschaft um seinen Lohn geprellt wurde, sich gerächt hat, ist durchaus vorstellbar. Ob dann tatsächlich hundertdreißig Kinder verschleppt wurden, bleibt offen – «, worauf die Haaseschen Kunden unisono das heutige äußerst wirksame Rattengift lobten.

An den meisten dieser warmen Frühlingstage lag Lady gleichmütig vor der Werkstatt des Meisters Sedlak oder folgte ihrem Herrn im unverwechselbaren Bärengang in das kleine Eckcafé. Wenn man sie nicht zu Gesicht bekam – was in der Trafik genau registriert wurde –, nahm man an, dass sie in Lisis Boutique herumlag, das waren nämlich meist Regentage. Gewöhnt hatte man sich an sie und gestand ihr zu, wenn sie auch kein schöner Hund sei, doch immerhin ein treuer und kluger.

Vom klugen Hund kam man zwanglos auf den »klugen Hans«, von dem der Doktor berichten konnte, dass es ihn am Anfang des vorigen Jahrhunderts wirklich gegeben habe: ein Pferd, das rechnen konnte! Stellte man ihm eine Rechenaufgabe, klopfte es das Ergebnis mit seinem Huf auf den Boden.

»Zirkustrick«, sagte der Amtsrat abfällig, »ein Tier kann nicht rechnen.«

»Stimmt haargenau«, bestätigte ihm der Doktor, »denn als sein stolzer Besitzer sich die Intelligenz des Gaules auch von der Wissenschaft bestätigen lassen wollte, erlebte er eine herbe Enttäuschung: Der ›kluge Hans‹ hatte zwar eindeutig telepathische Fähigkeiten – die haben viele Haustiere, die mit ihren Besitzern innig verbunden sind –, aber wenn der Herr das Ergebnis eines Rechenexempels nicht ›dachte‹, blieb es auch dem Pferd unbekannt.«

» – und nix hat geklopft!«, triumphierte die Navratil, die sich in ihrer gesunden Skepsis wieder einmal bestätigt fühlte.

»Trotzdem, meine Herrschaften, lehrt uns diese Geschichte etwas Wichtiges: dass nämlich gezähmte Tiere eine starke emotionale Bindung an den Menschen entwickeln, er ist ihr Herr, ihr Ernährer, ihr Beschützer – und darum«, ereiferte er sich, »darum darf der Mensch nie vergessen, welche Verantwortung er seinen Haustieren gegenüber hat! Dazu gehört natürlich auch, dass er rechtzeitig und am besten regelmäßig zum Tierarzt ...«

Das angenehm warme Frühjahr ging in einen angenehm warmen Frühsommer über, man merkte es eigentlich nur an den aufblühenden roten Buschrosen in den gemeindeeigenen Rosenbeeten der Schottenhofstraße und an der leicht variierten Bekleidung der

Motorradfreaks: Die imposanten Muskelmänner trugen jetzt nur mehr ärmellose Lederwesten auf dem nackten Oberkörper und ließen unbedenklich ihre fantastischen Tatoos auf den Armen sehen. Die Patientenschar des Doktors wuchs, es gab eine regelrechte Impfwelle, ausgelöst durch die eindringlichen Appelle Dr. Weyrauchs in Haases Tabaktrafik, ja allen Verwandten und Bekannten seine herzlichsten Grüße zu bestellen nebst der wichtigen Information, dass man Hund und Katz ruhig auch zum Auslandsurlaub mitnehmen könne, freilich nur mit gültigem Impfzeugnis und das sei bei ihm äußerst kostengünstig zu erwerben.

Als dann die Urlaubszeit anbrach, blieb der Doktor natürlich zu Hause. Im ersten Jahr einer Praxis macht man noch keine großen Sprünge. Aber – und da staunte die ganze Schottenhofstraße – Meister Sedlak sperrte zum ersten Mal seit Bestehen die Werkstatt für zwei ganze Wochen zu und hängte auf das rostfleckige Eisentor ein wackelig geschriebenes Pappetäfelchen, auf dem »Urlaubssperre« stand. Was ein paar Leuten in Haases Trafik Anlass zu der spöttischen Frage gab, wer dem Meister wohl den Urlaub gesperrt habe – doch nicht seine Eliza? Denn ausgerechnet diese Spötter kamen zufällig an »Elizas Boutique« vorbei, fanden sie wie erwartet ebenfalls geschlossen, an der Tür aber hing ein Prospektfoto aus dem Urlaubskatalog mit viel blauem Meer und sonnengebräunten Menschen, und darunter stand in kunstvoller Schrift: »Wir machen Urlaub«.

Und da die meisten Leute beim Anblick eines solchen Fotos an das geografisch nächstliegende Meer denken, das ist für die Schottenhofstraße die italienische Adria, deshalb also erwartete man in Haases Trafik allen Ernstes baldigen Nachwuchs für Lady. Denn dass die Lisi es sich versagen würde, in Italien, wo es doch einen Zuchtverein gab, einen Kolosser-Mann aufzugabeln – o pardon, Herr Doktor, natürlich einen *Mo*losser, »Mann« müsse man ihn jedoch schon nennen, »Männchen« sei in diesem Fall lächerlich und »Rüde« zwar richtig, bei uns aber ungebräuchlich.

Der Spätsommer kam und die Urlauber kehrten braungebrannt von ihrem Urlaub zurück, Meister Sedlak hob seine Urlaubssperre auf. Lady hatte sich nicht verändert, es gab kein Anzeichen von Trächtigkeit.
Verändert hatte sich trotzdem etwas: Meister Sedlak machte, sobald er die Werkstatt am Abend geschlossen hatte, lange Spaziergänge mit Lady, statt wie früher schnurstracks heimzugehen. Es war für die Bewohner der Schottenhofstraße ein ganz ungewöhnlicher Anblick: der hagere Sedlak in Jeans und Pullover – man kannte ihn ja nur in seiner ölverschmierten Montur –, Lady ohne Beißkorb und Leine neben ihm tapsend. Und er ging auch nach den langen Spaziergängen nicht heim, sondern kehrte mit dem Hund in die Werkstatt zurück, meist zu einer Zeit, da es schon stockdunkel war, schloss das Tor hinter sich ab und verbrachte die Nacht in der stinkenden Werkstatt.
Auf Nachfrage bei der Pospischil, ihrem Schwager und dessen Schwester, der Hausbesorgerin, war zu

erfahren, dass sich in Sedlaks Wohnung nach dem Urlaub am blauen Meer ganz schreckliche Szenen abgespielt hätten, es wurde nächtelang geschrien und gepoltert – bis Sedlak gar nicht mehr nach Hause ging, sich und den Hund aus dem Supermarkt versorgte, wie ein Schlot rauchte und dreimal am Tag einen starken Schwarzen im Café trank.

Dass Gott erbarm, da schlief der Sedlak also wirklich in der scheußlichen Werkstatt, eiferte sich Haases Stammpublikum, er schlief zwischen Blech und Pneus, Kanistern, Pumpen und allem möglichen Werkzeug, in dem Gestank von Öl und Benzin und Gummi – pfui Teufel! Und das »arme Viech« musste wohl auf dem total verdreckten Boden liegen? Hoffentlich hatte es wenigstens eine alte Decke! Aber bei der so offensichtlichen Liebe des Meisters zu seiner Lady war das wohl anzunehmen.

Allmählich beruhigten sich die tierliebenden Gemüter, als durch die Pospischil zu erfahren war, dass die Lisi eine neue Wohnung – und wahrscheinlich auch einen neuen Freund – habe. Da werde sie doch bald aus der Sedlakschen Wohnung ausziehen. Und die besten Sachen mitnehmen, wie man das berechnende Luder kenne. Man vergönnte ihr von Herzen einen gewaltigen Reinfaller mit dem neuen Freund, und sogar den Notverkauf ihrer unsinnigen Boutique wünschte man ihr.

Der Sedlak wurde mittlerweile immer hagerer, seine Augen lagen so tief wie nie zuvor über den vorspringenden Backenknochen, und den Mund machte er fast gar nicht mehr auf. Herbst ist an und für sich keine Saison für den Motorradhandel, und obwohl das für die Bewohner der Schottenhofstraße weniger Lärm und Gestank bedeutete, war man unzufrieden mit der ganzen Entwicklung, noch dazu, nachdem was von einer Klage durchgesickert war, die Lisi bei Gericht eingebracht habe gegen den Sedlak und wobei es um den Besitz des Hundes gehen sollte: Sedlak wolle ihn nicht hergeben, sie aber behaupte, Lady von ihrem Geld gekauft zu haben. Jetzt verstand man auch, warum Sedlak am Abend das Tor immer so sorgfältig hinter sich versperrte, vielleicht befürchtete er einen nächtlichen Überfall, eine Entführung des wertvollen Hundes oder was immer – diesem verkommenen Weibsstück und ihren sauberen Freunden war alles zuzutrauen! Naja, und letzten Endes, so flüsterte man sich zu, konnte es ja doch sein, dass Lady trächtig war und die Lisi auf eine Zucht stand.

Dann vergaß man die Angelegenheit, denn Meister Sedlak ging des Abends wie früher mit Lady heim in seine Wohnung, und kleine Molosser oder Mastinos, wie der Doktor sie nennen würde, waren absolut nicht mehr zu erwarten, es war immerhin schon Oktober geworden. Dr. Weyrauch hielt übrigens nur mehr bei besonderen Gelegenheiten einen seiner Kurzvorträge, seine Praxis lief nämlich bereits so gut, dass er keine Extrawerbung mehr brauchte, ja nicht einmal brauchen konnte. Es fiel auch niemandem auf, dass Lady nun schon zwei Tage nicht vor der Werkstatt gesehen worden war.

Zeitig am Morgen des dritten Tages läutete Sedlak an Dr. Weyrauchs Türe Sturm.

»Sie müssen sofort mit mir kommen«, forderte er mit heiserer Stimme von dem verblüfften Tierarzt, »mein Hund – Sie kennen ihn ja sicher – die Lady – mit der ist was!«

»Fahren Sie mit ihr ins Tierspital«, sagte Dr. Weyrauch unwirsch und wollte die Tür schon wieder zumachen, es war schließlich sechs Uhr früh.

»Sie kann nicht mehr aufstehen«, keuchte Sedlak außer sich, »sie knickt immer ein! Und fressen tut sie nichts und trinken auch nicht mehr!«

Im halbleeren Wohnzimmer lag Lady völlig apathisch auf einer Decke. Als Dr. Weyrauch ihren Kopf hob, sah sie ihn mit einem unendlich müden und traurigen Blick an. Er untersuchte sie kurz, dann schüttelte er den Kopf: »Herr Sedlak, da ist nichts mehr zu machen.«

Aus Sedlaks Gesicht war jede Farbe gewichen.

»Möglich, dass sie wo Rattengift erwischt hat – «

»Gift«, sagte Sedlak tonlos. »Das hab' ich ja gefürchtet. Gift ...«

»Am besten, wir schläfern sie ein und ersparen ihr ein qualvolles Sterben.«

»Nein! Ausgeschlossen! Sie können ihr doch ein paar Spritzen – ich meine – ich zahle alles!«

Sedlak bot das Bild eines verzweifelten Vaters am Krankenbett seines Kindes. Dr. Weyrauch brachte es nicht übers Herz, ihn in seiner momentanen Situation zu enttäuschen.

»Ich kann's versuchen«, sagte er zögernd und wider besseres Wissen, »viel Hoffnung habe ich nicht ...«

Nach zwei Tagen und zwei Nächten, in denen er bei dem sterbenden Tier ausgeharrt und den Doktor noch zweimal angerufen hatte, gab Sedlak seine Einwilligung, Lady einzuschläfern.

Dann kam das Wochenende. Und am Montag blieb das angerostete Gittertor von Sedlaks Werkstatt immer noch geschlossen. Zwei- oder dreimal standen ratlose Kunden eine Weile davor herum, fragten dann in der Trafik oder im Café nach dem Meister, aber dort wusste man auch nichts über ihn. Am Dienstagmorgen herrschte in Haases Tabaktrafik helle Aufregung: Der Tod des Hundes hatte sich ja schon herumgesprochen, aber dass die Werkstatt immer noch geschlossen war! Und der Doktor äußerte nun auch seine Bedenken: Wenn sich der Sedlak nur nicht –
Schließlich war der Schwager der Pospischil vor der verschlossenen Wohnungstür gestanden. Schlüssel besaß höchstens die Lisi, aber wohin die verzogen war, wusste niemand. Man einigte sich, die Polizei zu verständigen und zwar sofort. Der Trafikant tat es mit Amtsmiene von seinem Telefon aus.
Sie habe es gleich gewusst, sagte die Navratil am Mittwochmorgen bei Haase, wo sie wieder alle vollzählig erschienen waren, sie hat gewusst, dass der Sedlak sich was antut, wenn der Hund stirbt. Und gestern sei die Sonne auch so blutigrot aufgegangen und der ganze Himmel war rot.
Gestern früh, dachte Dr. Weyrauch, war Sedlak mindestens schon 72 Stunden tot. Aber vielleicht färbt sich der Himmel erst rot, wenn man einen Toten findet.

DIE HEILIGEN HÜHNER

»Wie im Märchen, Herr Dozent«, sagte die Institutssekretärin und lächelte Viktor dabei säuerlich an, weil sie anders dachte als sie redete; eine Eigenheit, die im zwischenmenschlichen Umgang häufig vorkommt. Angenommen, dass sie dachte: Unverschämtes Glück hat er, der kurzsichtige Kerl! Kriegt die Dozentenstelle, natürlich mit Protektion, kriegt zur Hochzeit ein ganzes Haus geschenkt, ein Landhaus! Natürlich vom reichen Schwiegerpapa! Und was kriegt unsereins ...? – Aber ihr Mund sprach von einem Märchen, und der frischgebackene Dozent für Altphilologie mit der dicken Brille auf der Nase lächelte verlegen zurück.

»Wie im Märchen, Viktor!«, jubelte zwei Stunden später Tessa beim Anblick eben jenes geschenkten Landhauses, und Viktor bestätigte seiner Angetrauten gehorsam: »Ja, Tess, wie im Märchen.« Dabei suchten seine kurzsichtigen Gelehrtenaugen gewohnheitsmäßig den Eingangsbereich des behäbigen ebenerdigen Hauses nach einer Inschrift ab – und wurden auch fündig: 1869, gab eine verschnörkelte Jahreszahl über dem zweiflügeligen Tor bekannt, und Viktor sagte anerkennend: »Donnerwetter!«
Tessa lachte. »Hier haben weder Tribunen noch Kaiser logiert! Bist du gar nicht enttäuscht?« Sie lachte gern.
Viktor ging auf die übermütige Frage nicht ein, er sagte nochmals: »Donnerwetter, so alt« und ließ sich

von Tessa belehren, dass dieses Haus, ein sogenannter Dreiseithof, ein echtes altes Bauernhaus sei. Ein naturhungriger Großstädter habe es vor ein paar Jahren gekauft und zum gemütlichen, rustikalen Wohnhaus umgebaut.

»Aha! Also eine Villa rustica«, stellte Viktor in fachmännischem Latein fest. Und bei diesem Namen sollte es bleiben.

An den Fenstern fehlten natürlich die Blumenkistchen, erklärte Tessa beflissen und schon ganz Hausbesitzerin, dazu sei es noch zu früh, aber sie stelle sich rote Geranien vor. Rote Geranien würden wunderbar mit den weißen Fensterumrandungen und den ockerfarbenen Hauswänden harmonieren. Dagegen war nichts einzuwenden.

Auch das Innere ihres neuen Heimes gefiel ihnen außerordentlich, sie lobten abwechselnd die Anordnung der Räume, die Einrichtung von Küche und Bad, die elektrischen Anschlüsse, die Heizung. »Papa sagt, Keller und Dach sind o.k., ebenso die Isolierung. Und bei Bedarf ließe sich das Dachgeschoss ausbauen.«

Viktor schüttelte den Kopf, ihn beschäftigten Gedanken, die sich noch nicht auf die Zukunft bezogen, sondern auf die Vergangenheit, wie es einem Altphilologen zustand. »Warum verkauft einer so ein Haus?«, überlegte er.

»Total verschuldet, sagt Papa. Hat es sehr eilig gehabt, nach Amerika auszuwandern, vermutlich Geschäftspleite mit Steuerhinterziehung und so.«

»Hm, ein Notverkauf also.«

Tessa glaubte einen leisen Vorwurf herauszuhören.
»Keine Sorge, solche Leute fallen immer auf die
Füße. Papa hat ihn ja auch nicht übers Ohr gehauen –
aber von Geschäften wirst du nie was verstehen, gib
dir keine Mühe!«
»Dafür hab' ich ja dich, Tochter deines Vaters«, setzte
Viktor gutmütig dagegen.

Tessas Vater – er handelte erfolgreich mit Immobilien
und war obendrein erklärter Liebhaber schöner alter
Bauernhäuser – hatte sofort zugeschlagen. Am liebsten wäre er ja selbst eingezogen in dieses Haus »mit
Flair und in bester Lage«, wie das in seinem Jargon
hieß; aber er hatte schon eins in der Art, und so kam
die geliebte einzige Tochter samt dem eher lebens-
fremden Schwiegersohn – was konnte man von einem Dozenten der Altphilologie schon erwarten, außer dass er fließend Latein und Griechisch sprach –
in den vollen Genuss dieser Neuerwerbung. Sie war
ja nicht gerade als Hochzeitsgeschenk gedacht, einen
Teil des Kaufpreises sollte Viktor schon irgendwann
an Papa zurückzahlen, war am Polterabend in wein-
seliger Stimmung vereinbart worden, aber bei Viktors schmalem Dozentengehalt würde es wohl eine
ideelle Vereinbarung bleiben.
»Ach, schließlich mache ich für ihn die Computerar-
beit«, zerstreute Tessa auch jetzt Viktors Bedenken,
dass sie sich ein solches Haus eigentlich gar nicht
leisten könnten. Bei aller Bewunderung – er wäre ja
mit der kleineren und ein bisschen altmodischen
Stadtwohnung ganz zufrieden gewesen: Universität,
Bibliothek, Oper und Konzertsäle in nächster Nähe,

und man wusste, welches Buch in welchem Regal stand. Solche Gedanken behielt Viktor aber wohlweislich für sich. Ebenso das leichte Grauen, wenn er sich ausmalte, was ihm künftig die Freude am Landleben vergällen würde: stundenlange Autofahrten, Verkehrsstaus, dazu Gartenspritzen, Rasenmähen, Schneeschaufeln ...

Nein, Schnee gab es zum Glück keinen mehr, es war knapp vor Ostern und frühlingshaft mild, der Rasen im Baumgarten war noch gelb, die wettererprobten, knorrigen Obstbäume hatten dicke Knospen angesetzt und der Laubwald, der sich vom abschließenden Schuppen den Hang hinunterzog bis zu den ersten Häusern des Dorfes, trug kaum wahrnehmbare zartgrüne Schleier.

Vom Garten kehrten sie in den kleinen Innenhof ihres Anwesens zurück. Hier gab es noch das alte Natursteinpflaster – Viktor bezeichnete es als charaktervoll, ihm fiel kein besseres Wort ein – und eine dunkelgrün gestrichene Hausbank, der man ebenfalls das ehrwürdige Alter ansehen konnte. Während Tessa mit entscheidungsfreudiger Stimme ihre Vorschläge für die weitere Ausgestaltung des Hofes bekanntgab – hier wäre eine Gartengarnitur nett, diesen Platz müsste man überdachen, dort sei dies und hier das zu tun – stolzierte ihnen ein Zwerghahn mit zwei Hennen entgegen. Er war überrascht und gackerte warnend, die Hennen aber blieben wie versteinert mitten im Schritt auf einem Bein stehen. Viktor war mindestens ebenso überrascht wie das Federvieh, Tessa hingegen wusste schon wieder mehr als er.

»Lebendes Inventar«, erklärte sie lachend, »drei Hühner kann man nicht gut nach Amerika mitnehmen.«
Der Hahn war weiß mit schwarz-schillernden sichelförmigen Schwanzfedern und herausfordernd hochgestelltem Kamm, eine der Hennen war hell-, die andere dunkelbraun.
»Sind die aber klein!«, war das erste, was Viktor einfiel.
»Zwerghühner sind nun einmal nicht größer.«
»Pulli«, murmelte Viktor vor sich hin, »klein, aber trotzdem – pulli – ein gutes Omen!« Es klang teils nach Beschwörung, teils nach Begrüßung der noch immer reglos stehenden Hühner.
»Pulli?«, wiederholte Tessa. »Was soll denn das wieder heißen?«
»Heilige Hühner«, sagte Viktor feierlich.
Tessa kicherte. »Ich kenn' zwar pollo arrosto, wir aßen's, wart' nur, wo –? Aber von heiligen Brathühnern hab' ich noch nichts gehört!«
»Tess, du bist unmöglich«, tadelte Viktor mit gespieltem Unmut, »ich rede von sakralem Brauchtum und du kommst mir mit Brathuhn! Hast du in der Schule nie von den Römern gelernt?«
»Nie! Ich schwöre!«
»Nachlernen!«, befahl Viktor und dozierte gespreizt: »Wenn die alten Römer wissen wollten, ob sie einen Krieg gewinnen werden, dann befragten sie die heiligen Hühner.«
Tessa prustete los: »Und die lachten, die Hühner!«
»Schmarrn. Die fraßen. Und je gieriger sie fraßen, desto sicherer war der Sieg. Kapiert?«

»Das probieren wir gleich aus!«, rief Tessa. Sie hatte den Futterkorb entdeckt, reichte Viktor ein paar Maiskörner und warf zugleich mit der anderen Hand eine Portion vor die Schnäbel der wartenden Hühner: »Wer wird die Schlacht gewinnen, er oder ich?«

Aber Viktor hatte Hinterlist geahnt – er kannte seine Tessa – und die Körner den Hühnern gezielt ins Gefieder geworfen. Es gab Verwirrung, Gegacker, Flügelschlagen –

»Das ist unfair!«, schrie Tessa und »Unentschieden!«, schrie Viktor und die heiligen Hühner flüchteten unter dem empörten Geschrei des Hahnes in den Garten.

Viktor und Tessa fielen einander in die Arme und lachten, dass ihnen die Tränen kamen, und sie fanden, das sei doch das beste Omen für ihr künftiges Leben in der Villa rustica gewesen. »Hungrig waren die aber nicht«, stellte Viktor schließlich fest. »Wer hat die lieben Tierchen denn seit dem ruhmlosen Abgang unseres Vorgängers gefüttert?«

»Die Nachbarn. Angenehme Leute, sagt Papa. Pensionisten. Heißen Seitelberger. Wir werden gleich einmal hinübergehen und uns vorstellen. Gute Nachbarschaft ist auf dem Land ebenso wichtig wie ein guter Ofen.«

Kluge Frau, dachte Viktor, was habe ich doch für eine kluge Frau.

Bei Seitelbergers in der bescheidenen, aber gemütlichen Wohnstube gab es wie landesüblich ein Gläschen Wein als Willkommenstrunk. Man sprach ein wenig übers Dorf, den beklagenswerten Zustand der

Zufahrtsstraßen wie der ihren, über den Vorbesitzer und natürlich über die Villa rustica. Von der ersten Nennung dieses Namens an wurde Viktor nur mehr respektvoll mit »Herr Professor« angeredet und Tessa wurde, wie ebenfalls landesüblich, zur »Frau Professor«, Proteste nützten da so gut wie nichts. – Man sprach auch davon, wie schwierig es geworden war, Äcker und Wiesen an Bauern zu verpachten, es zogen ja immer mehr Städter in die Dörfer, um hier zu leben wie in unbegrenztem Urlaub, von der Landwirtschaft aber verstanden sie gar nichts.

»Welcher Bauer will denn noch Grund dazunehmen?«, zeigte sich Herr Seitelberger bestens informiert, »was kriegt er schon für die schwere Arbeit? Überhaupt seit der EU!«

Viktor schaute erschrocken über seine Brillengläser: »Haben wir auch einen Grund, Tessa? Ich meine, Felder und so?«

Seine offensichtliche Sorge amüsierte Tessa. »Außer dem Wald ist alles verkauft«, beruhigte sie ihn lachend. »Das hat schon unser Vorgänger gemacht. Du musst also nicht mit dem Traktor aufs Feld fahren, wenn du von der Uni heimkommst.«

»Gott sei Dank«, seufzte Viktor, »ich hab' schon gefürchtet, dass ich Nebenerwerbsbauer geworden bin.«

»Wenn du unseren Hühnerhof nicht zur Landwirtschaft rechnest«, sagte Tessa und kraulte das weiche Fell des wohlgenährten Katers, der ihr zutraulich auf den Schoß gesprungen war. »Sowas Nettes, Schnurrendes hätt' ich auch gern. Aber das gäbe Probleme mit den Hühnern, fürchte ich.«

»Ah, die drei Krepierln«, sagte Herr Seitelberger, auf die geringe Größe der Zwerghühner anspielend, »verkaufen Sie die doch.«

Viktor schüttelte den Kopf: »Heilige Hühner verkauft man nicht.«

»Ah so«, sagte Herr Seitelberger und dachte, Professoren seien eben doch schrullige Leute.

»Warum hat sich unser Vorgänger eigentlich die Hühner genommen?«, fragte Tessa, »wissen Sie das?«

»Keine Ahnung.« Der Nachbar zuckte geringschätzig die Achsel. Frau Seitelberger sagte: »Vielleicht, weil sie die Schneckeneier im Garten fressen. Angeblich.«

»Wir haben auch keine Schnecken im Garten«, wies ihr Mann die Vermutung sofort zurück.

Tessa lenkte ab: »Zwerghühner legen ganz kleine Eier, nicht wahr?«

»Kleine Eier, das schon«, bestätigte Herr Seitelberger und setzte nachdrücklich hinzu: »Aber der Hahn, der Hahn kräht wie ein großer!«

»Du«, sagte Tessa auf dem Heimweg, »du, ich glaub', Seitelbergers mögen unseren Hahn nicht.«

»Verständlich. Der kräht wahrscheinlich um vier oder noch früher.« Und Viktor überfiel eine unangenehme Vorahnung von gestörtem Morgenschlaf.

Noch in der Woche vor Ostern ging der Einzug in die Villa rustica mit tatkräftiger Hilfe der näheren und weiteren Nachbarschaft klaglos über die Bühne. Die einmalige Gelegenheit, einen vollständigen Professorenhausrat zu begutachten, musste für die Helfer wirklich so etwas Ähnliches wie eine spannende Theatervorstellung gewesen sein oder zumindest ein Blick in einen geheimnisvollen Theaterfundus. Sie kommentierten lautstark alle ankommenden Möbelstücke, Gemälde und Ziergegenstände, die Geschirr- und Wäschecontainer, die unglaublich gewichtigen Bücherkartons, und ganz besonders wunderten sie sich, dass ein Professor, der doch vorwiegend das Lateinische spricht, auch einen tollen Computer samt Drucker und Kopierer besitzt. Ihre Hochachtung stieg aber noch, als es zum Abschluss im Hof der Villa rustica ein richtiges kleines Fest gab, zu dem alle geladen waren und noch ein paar mehr kamen. Tessa dankte dem Himmel für die freiwillige Mitarbeit rühriger Nachbarsfrauen, allein wäre sie mit all den Würsten, den Fleisch-, Aufstrich- und Salattellern, den Brotkörben, Torten und Keksen niemals zurechtgekommen. Weiters dankte sie dem Himmel für das gute Wetter, weil das Fest sich im Hof und von dort auf die Straße ausdehnen konnte, auf der ohnedies nie ein fremdes Auto fuhr.

Die Hühner hatte Tessa gleich am ersten Tag in den umzäunten und sträucherumstandenen Garten verbannt und die Gartentür fest verschlossen. »Ich steig' doch im Hof nicht dauernd in den Hühnerdreck«, ließ sie erbost wissen, während ihr Professor die Ablage der heiligen Hühnerchen als naturnotwendige Verdauungsrückstände entschuldigte.
»Übrigens habe ich nachgedacht«, sagte Tessa, »über diesen lachhaften Brauch bei den Römern – er entbehrt jeder Logik.«

Weil Viktor nur lächelte und auf weitere Erklärungen wartete, fuhr sie verärgert fort: »Welchen Zusammenhang siehst denn du, gescheiter Mann, zwischen Kriegsglück und dem Appetit von Hühnern?«

»Welchen Zusammenhang siehst denn du zwischen einer schwarzen Katze und dem Unglück, vor dem man sich fürchtet?«

»Aberglaube!«

»Eben. Menschen damit manipulieren, das haben auch die Alten schon verstanden – ausgehungerte Hühner motivieren Soldaten zum Kampf bis zum Sieg.«

»So denken Männer«, murrte Tessa unzufrieden.

Der Hahn wurde trotz der verhängten Klausur zum Problem, denn der Frühling steigerte seine Lust am Krähen ins Ungemessene. Und wenn vom Dorf her noch dazu die herausfordernde Antwort eines Konkurrenten kam, war des Krähens überhaupt kein Ende. Als Viktor eines Abends die umwerfende Information aus dem Internet, Schlagwort Hühner / Sozialverhalten bezog, dass ein Hahn auf dem Hühnerhof nur nötig sei, wenn man eine Zucht betreiben wolle, war das Schicksal des lästigen Krähers besiegelt. Hühnerzucht war kein Thema. »Und wenn es die Heiligkeit der Hühner erlaubt«, verfügte Tessa spitzzüngig, »dann geben wir den Hahn weg. Die Nachbarn werden uns dankbar sein.«

»Bestimmt«, sagte Viktor und war seinerseits dankbar für Tessas Entschluss. In seinen antiken Berichten stehe kein Wort von einem heiligen Hahn, versicherte er. Außerdem habe er sich schon etliche Male über die offene Feindseligkeit des kleinen Kerls geärgert, gab er, wenn auch zögernd zu: Sobald er ihm in die Nähe kam, tat der Gockel immer so, als müsse er seine Henne verteidigen, die dunkelbraune, wohlgemerkt, die blonde war ihm nämlich egal; ja, einmal sei er Viktor sogar regelrecht angesprungen!

»Eifersucht«, stellte Tessa sachlich fest, »kommt auch bei doofen Hühnern vor!«

Das Interesse an einem lebenden Zwerghahn war in den umliegenden Dörfern so gering bis gar nicht vorhanden, dass Tessa, des langen Nachfragens und Hin- und Herredens müde, den angstvoll gackernden und sich sträubenden Hahn kurzerhand in eine Margarineschachtel steckte und mit ihm zum nächsten Geflügelhof fuhr. Dort fand man, für eine kleine Portion Suppe ließe er sich gerade noch verwenden, und schlachtete ihn kostenlos. Dabeizusein lehnte Tessa energisch ab, ihr genügte es, dass man ihr das geschlachtete Tier in denselben Karton legte, in dem sie es lebend gebracht hatte. Es war so winzig klein und Tessa spürte ein heftiges Würgen in der Kehle. Trotzdem kaufte sie eine bratfertige Poularde, die hatte sie ja nicht persönlich gekannt.

Im Garten unter dem blühenden Marillenbaum begruben Tessa und Viktor den armen Hahn, der sosehr gestört hatte. Sie kamen sich beide schlecht vor.

Was nicht vorauszusehen war: dass kurze Zeit später, der Marillenbaum hatte noch nicht ausgeblüht, ein zweites Hühnerbegräbnis notwendig wurde. Die Dunkelbraune, die dem Hahn in geradezu lächerlicher Demut ergeben gewesen war und nur fraß, was er ihr lockend anbot, kam über den Verlust des Gefährten nicht hinweg. Sie rührte kein Futter mehr an, stand nur matt herum, und schließlich fand Tessa sie verendet in den Ribiselsträuchern hängen, wo sie sich verfangen hatte.

Es war eine echte Tiertragödie. Tessa schwieg hartnäckig bei der Beerdigung. Viktor beteuerte zerknirscht, nie mehr Brathuhn zu essen.

»Das letzte hat dir aber sehr gut geschmeckt«, erinnerte ihn Tessa unliebenswürdig, »und da war immerhin der Hahn schon tot. Was sind wir doch für Menschen! Menschen?«

»Ja weißt du«, sagte Viktor verlegen, »wir leben halt nicht mehr im Paradies, sondern in einer Welt voller Widersprüche – «

Mehr Trost fand Tessa in dem Vorsatz: »Dafür soll's die Blonde gut bei uns haben.« Damit suchte sie dem drückenden Schuldbewusstsein zu entkommen. »Wenn man ein Haustier hat, muss man sich eben auch Zeit dafür nehmen.«

Das begann damit, dass die Blonde, um nicht unter ihrer Einsamkeit zu leiden, wieder in den Hof durfte, schließlich macht ein Huhn nicht so viel Mist wie drei. Die Blonde genoss ihre neue Stellung im Hause ganz offensichtlich, fraß fröhlich weiter, lieferte pünktlich und mit hellem Gegacker ihre Miniatur-Eier ab und lief Tessa nach wie ein Hündchen. Manchmal flatterte sie sogar beherzt die drei Stufen aufwärts und folgte ihr in die Küche oder in eines der Zimmer, blieb aber nach ein paar Trippelschritten gleichsam in ehrfurchtsvollem Staunen erstarrt stehen und kehrte dann vorsichtig – die verteufelt glatten Böden boten ihren Krallen nicht den kleinsten Halt – in den vertrauten Hof zurück.

»Wir müssen ihr einen Namen geben«, sagte Tessa eines Abends. Sie saß mit Viktor auf der Hausbank und die Blonde zwischen ihnen ruckte wie in einem Nest so lange hin und her, bis sie's bequem genug hatte. Dann schloss sie die Augen und schien zu schlafen.

»Nennen wir sie ›Blondchen‹«, schlug Viktor vor.

»Entführung aus dem Serail«, sagte Tessa trocken, »eignet sich nicht zum Anlocken eines Huhns.« Und mit hoher Stimme versuchte sie es: »Blondchen! Blondchen!«

Die Henne zwischen ihnen rührte sich nicht.

»Siehst du«, sagte Tessa.

»Wie wär's mit ›Konstanze‹?«, fragte Viktor, immer noch im Gedanken bei Mozart, und begann mit Bruststimme zu schmettern: »Wer so viel Huld vergessen kann ...« Die Henne öffnete erstaunt die Augen, was Tessa derart zum Lachen brachte, dass sie sich verschluckte.

»›Konstanze‹ ist gut«, bekräftigte Viktor, »denn ›constantia‹ heißt ja ›Beständigkeit‹! Und beständig ist sie doch, die da!« Ganz vorsichtig strich er dem Hühnchen mit den Fingerspitzen übers Gefieder.

»Wenn schon, dann ›Stanzi‹!«, rief Tessa und das Testergebnis war gut. Auf: »Stanzi! Stanzi!« klappte die Blonde ihre Augendeckel auf und zu und ließ sogar ein paar glucksende Laute vernehmen.

»Siehst du«, sagte Tessa triumphierend.

»Ich höre«, sagte Viktor und behielt einmal das letzte Wort.

Das Leben in der Villa rustica gestaltete sich von Woche zu Woche angenehmer. Die Jungverheirateten hatten rasch einen anderen Rhythmus gefunden als in der Stadt, harmonischer, fanden sie, und viel abwechslungsreicher. Sie ließen sich von den stets gesprächsbereiten Nachbarn in praktischen Dingen beraten, luden Gäste ein, auch solche, die über das Landleben eher abschätzig urteilten. Mit ihnen diskutierten sie stundenlang darüber, ob junge Leute sich derart von den Weltereignissen abschotten dürften. »Wem schadet's?«, fragte Viktor dann und wann, »was könnten wir ändern?« oder »Hat Marc Aurel die Welt verbessert?«

»Typisch Altphilologe«, sagten die anderen.

Viktor entdeckte einigen Nachholbedarf aus der Zeit, als er der brave Stadtjunge war; was sich vor allem in seiner kindlichen Freude am Experimentieren auf bislang unbekanntem Terrain zeigte. – Tessa lachte zwar wieder einmal, als der Herr Dozent umständlich ein Loch in die Tür des Hühnerställchens sägte, gerade so groß, dass Stanzi bequem heraus- und hineinschlüpfen konnte, aber: »Sie soll die Freiheit haben, ihre Möglichkeiten kennenzulernen«, erklärte er. Seine kluge Frau meinte dazu nur, eine Möglichkeit sei, dass sie sich verlaufe, eine andere, dass der Fuchs sie fresse.

»So blöd ist unsere Stanzi nicht«, war Viktor sicher, »und der Fuchs traut sich nie so nahe ans Haus. Stanzi läuft eben gerne einmal rundum – siehst du, sie ist schon wieder da!«

Tatsächlich war das Umkreisen des Hauses und zwar im wichtigtuerisch breiten Laufschritt, zu Stanzis Lieblingsritual geworden; sie vollzog es mehrmals am Tag, besonders sorgsam jedoch am Morgen und am Abend – »als wäre sie für unsere Sicherheit verantwortlich, die Kleine!«, musste selbst Tessa anerkennen.

»Was wissen wir schon von den Intentionen gezähmter Tiere«, tat Viktor sehr gelehrt, »und schließlich ist sie ja ein heiliges Huhn.«

Stanzi hatte noch ein zweites Ritual ersonnen: das abendliche Kuscheln zwischen Tessa und Viktor, wenn die beiden gemütlich auf der alten, grüngestrichenen Hausbank saßen. Davon konnte sie auch ein Hof voller Gäste nicht abhalten: Wenn alles wohlgesättigt bei einem Gläschen Wein saß, plauderte, diskutierte oder musizierte, machte Stanzi sich's zwischen »ihren« Menschen bequem und zeigte mit jedem Federchen, wie wohl sie sich fühlte und dass sie einfach dazugehörte.

»Unsere Stanzi ist nämlich eine Römerin«, pflegte Tessa dann mit todernster Miene jenen Gästen zu erklären, die zum ersten Mal hier waren. »Lebte schon vor 2000 Jahren als heiliges Huhn im alten Rom und darf jetzt wiedergeboren in der Villa rustica Dienst machen. Klar?«

»Aha, wiedergeboren ...«

»Ja, als unser Schutzgeist«, setzte Viktor meist noch nach und begann auch ohne Aufforderung der Zuhörer über die Laren und die Manen zu dozieren, die es seiner Meinung nach nicht nur im alten Rom gegeben hatte; sie seien auch jetzt und hier gegenwärtig, behauptete er und erhob sein Glas »auf alle guten Geister dieses Hauses!« Mancher Gast ging nach so einem Abend mit einem leichten Schaudern zu Bett, obwohl Tessa treuherzig versicherte, dass er in den behaglich eingerichteten Gästezimmern der Villa rustica nichts zu befürchten hätte, dort sei nämlich früher der Schweinestall gewesen und Geister, ob gute oder böse, mögen einfach keinen Schweinegestank.

Dafür bekamen sie fünf- oder sechsmal das gleiche bekannte Torschildchen geschenkt mit zähnefletschendem Wachhund und der Aufschrift »Cave canem« und dem bedauernd ausgesprochenen Zusatz, es gebe noch keines mit »Cave manem« oder »Cave pullem« oder wie das eben in dem verflixten Latein heißen müsse.

Stanzis Existenz entschied – sozusagen mit einfacher Mehrheit – ganz klar über den Sommerurlaub: Wozu an irgendein dichtbevölkertes Meer fahren, fragte Viktor, wenn man hier in einer herrlichen Landschaft lebe, in der Harmonie und Stille herrschen, die besten Voraussetzungen für eine gute Erholung? Naja, und Stanzi wochenlang allein lassen, wer brächte das übers Herz?

»Natürlich«, stimmte Tessa diesen Argumenten zu, »ohne Bruder Viktor und Schwester Tessa könnte die arme Stanzi glatt gemütskrank werden! – Heiliger Franziskus, steh uns bei!«

Man kam also überein, dass Gartenarbeit viel gesünder sei als Faulenzen an der Adria, dass man endlich mit Joggen beginnen werde und dass Wandern zu zweit der schönste Sport für ein jungverheiratetes Paar sei. – Es war ja wirklich so einfach: Man verließ das Haus mit einem Apfel in der Hosentasche, entdeckte immer neue Wege und Steige, genoss unerwartete Ausblicke in blaue Fernen, lernte Gehöfte und Menschen kennen und kehrte, ohne ein Verkehrsmittel beansprucht, ja auch nur gesehen zu haben, wieder zum Haus zurück.

Auf einer solchen Wanderung fand Viktor beim eifrigen Pflanzenstudium – ein neues Hobby von ihm – an einem Waldrand zwei große weiße Eier im Moos liegen. Tessa meinte zuerst, es seien Enteneier, aber dann einigten sie sich darauf, dass es sich um verlegte Hühnereier handeln müsse. Irgendein Bauernhuhn hatte sich sein eigenes Gelege zurechtgemacht und wollte vielleicht sogar brüten –

»Brüten!«

Viktor packte die beiden Eier vorsichtig in sein Taschentuch. »Auf jedem Bauernhof haben sie einen Hahn, nicht wahr?«

»Vermutlich. Wie soll ich das wissen?« Tessa war überrascht.

»Ich meine, die Eier sind doch sicher befruchtet.«

»Na und? Deshalb kann man sie auch essen.«

»Ich meine aber, wenn sie ausgebrütet werden – «

»Stanzi?« Tessa lachte hellauf. »Du glaubst im Ernst, ein Zwerghuhn kann solche Rieseneier ausbrüten?«

»Es käme auf einen Versuch an.«

»Wieder einmal ein Experiment. Mein großer Junge will sehen, was drin ist im Ei.«

Im Garten neben den abgeernteten Ribiselstauden lagen sie dann in einem Nest, das Viktor sorgfältig aus Heubüscheln geformt hatte. Bei Schönwetter schien den ganzen Tag die Sonne drauf.

»Wenn Stanzi nicht mag – vielleicht brütet die Sonne was aus.«

»O du heilige Einfalt«, murmelte Tessa nur.

Die Eier gerieten bald in Vergessenheit, denn Stanzi machte offensichtlich keinen Gebrauch von diesem Angebot. Zwar hatte sie in den ersten Tagen das unbekannte Nest immer wieder einmal beäugt und umkreist, aber ihr eigenes Ei legte sie mit hellem Gegacker wie gewohnt im Ställchen ab. Aha, Fehlschuss, sah Viktor ein.

Nach etwa eineinhalb Wochen vermissten sie Stanzi: keine Hausumkreisung, kein Gegacker, kein abendliches Kuscheln. Tessa lief besorgt auf die Straße hinaus, es wird doch nicht – aber an diesem Tag war kein einziges Fahrzeug an ihrem Haus vorbeigekommen, sie hätten es gesehen oder gehört. Also: Stanzi suchen!

Weit mussten sie nicht gehen. Stanzi hockte bei den Ribiselstauden – auf den fremden Eiern! Zur Fütterung gelockt, verließ sie kurz das Nest, und da sahen sie, dass ein drittes, ein kleines Ei bei den zwei großen lag. Nicht zu glauben, sagten sie und fanden Stanzi rührend.

Die morgendlichen Hausumrundungen entfielen natürlich, ebenso die Abendbesuche im Hof. Stanzi brütete still und geduldig. Allerdings: »In der prallen Sonne, das hält sie doch nicht aus!«, deshalb zimmerte Viktor ihr mit etlichen Fehlschlägen ein Brettergestell zum Schutz gegen Sonne und Regen. Als er das seltsame und etwas schiefgeratene Gebäude über der sitzenden Henne in die Erde rammen wollte, war's der trotz Viktors beruhigenden Worten doch zu viel, sie flüchtete flügelschlagend und mit empörtem Gegacker und Tessa hatte alle Mühe, sie wieder zurückzubringen.

»Sie ist eine werdende Mutter«, rügte sie Viktors barbarisches Vorgehen, »bitte um mehr Rücksicht!«

»Ob sie Mutter wird, ist ungewiss«, brummte Viktor, »sicher ist, dass der Hitzschlag sie treffen wird.«

Er traf sie nicht und sie wurde Mutter und zwar genau am 21. Tag, wie im Internet, Schlagwort Hühner/Brutzeit abzurufen war. Jede halbe Stunde sahen Viktor oder Tessa nach, ob es schon so weit war. Dann gab ein aufgeregtes: »Viktor! Schnell kommen!« den Auftakt zum glücklichen Ende des Experiments. Tessa hockte in einem Respektabstand zum Nest im Gras und starrte gespannt auf das Geschehen. Ohne sich darüber Rechenschaft zu geben, warum der Mensch sich in solch einer Situation klein macht, hockte Viktor sich neben sie.

Stanzi stand im Nest und hackte mit spitzem Schnabel vorsichtig an dem einen großen Ei herum, aus dessen Innerem ein zartes Klopfen antwortete. Die weiße Schale, schon gesprungen, fiel da und dort ab, die Spitze bewegte sich und ein Köpfchen mit gelbem Flaum und zwei großen, erstaunten Augen zwängte sich heraus. Es piepste ganz armselig , winzige Flügel arbeiteten zitternd, bis die Schale endgültig zerbarst, und mit schrillem Quietschen fiel das

Küken auf seinen gelben Schnabel und genau zwischen Stanzis dünne Beine.

Die beiden hockenden Menschen blieben stumm. Viktor hatte in seinem ganzen Gelehrtenleben noch nie ein Küken schlüpfen gesehen, in Tessas Kopf mischten sich kindliche Erinnerungen an unbeschwerte Ferientage auf dem Land mit dem großen Staunen über das Wunder neuen Lebens.

Jetzt stand das Kleine ein wenig schwankend auf seinen Beinchen. Die Augen fielen ihm ständig zu.

»War doch alles ein bisschen viel«, sagte Viktor besorgt, »hoffentlich packt sie's«, wobei nicht ganz klar wurde, ob er das Küken meinte oder Stanzi. Aber die gab eigentlich keinen Anlass zur Sorge. Sie pickte ganz zart am Flaum des Kleinen herum, schob es zwischen ihren Beinen zurecht, breitete die Flügel, so weit es ging, und setzte sich vorsichtig über das Küken.

Bei nächster Gelegenheit nahmen sie die zwei anderen Eier aus dem Nest, damit mehr Platz für Mutter und Kind war. Das kleine Ei war klarerweise taub. Dass es das zweite große auch war, bedauerte Viktor wortreich, aber Tessa meinte, Zwillinge wären für Stanzi denn doch zuviel gewesen. Das Kleine fraß gierig vom gekochten Ei, das ihr Tessa servierte, später gab es auf Frau Seitelbergers Rat gekochte Hirse, und Stanzi hatte auch nichts dagegen, wenn Tessa das Küken aus dem Nest nahm und in die Küche trug: Hier war das Füttern bequemer, auch konnte man das reizende flauschige Geschöpfchen nach Belieben streicheln und betrachten. Das Kleine wuchs so schnell, dass man meinte zuschauen zu können, und wurde bald von der stolz glucksenden Mama durch den Garten geführt und vom Garten in den Hof. Es war köstlich anzusehen, wie das Küken beinahe die Größe der Mutter erreicht hatte und noch immer den gelben Flaum trug. Die Nachbarn kamen gerne beim Professor vorbei, weil sie das seltsame Hühnerpaar mit eigenen Augen sehen wollten. Natürlich wurde auch gerätselt, was für einer Rasse das Riesenküken angehört, allmählich verlor es ja den Flaum und es zeigten sich weiße Federn, ein paar schwarze dazwischen, vor allem am Hals: »Das wird eine Sussex«, prophezeiten die, die etwas von Hühnerrassen verstanden.

Was die Nachbarn außer dem Gelingen des Experiments noch gar so wunderte, waren die Namen für das Federvieh. Sowas, meinten sie, kann auch nur einem Professor einfallen, Namen tragen doch höchstens Kühe und Pferde, im äußersten Fall ein Auto! Aber ein Zwerghuhn »Stanzi« rufen! Und das Junge hieß Franzi, »denn das passt für einen Buben wie für ein Mädchen«, erklärte der Professor, was erneut Anlass zum Staunen gab.

Franzi entwickelte sich glücklicherweise zur Henne, einer schönen weißen Sussex-Henne mit schwarzem Kragen, schwarzen Schwanzfedern und beängstigend langen Krallen an den plumpen Beinen – beängstigend im Hinblick auf ihr Zusammenleben mit Stanzi. Aber Ziehmutter und Riesenkind lebten in rührender Eintracht miteinander. Nach und nach brachte Stanzi der jungen Gefährtin alles bei, was eine Henne in der Villa rustica wissen musste: die

Fütterungszeiten, die Kenntnis des heimischen Territoriums, wo gescharrt werden durfte und wo nicht – und natürlich auch die Pflichten eines heiligen Huhnes, den symbolischen Schutz des Hauses durch täglich mehrmalige Umkreisung. Das Wort von den doofen Hühnern, das Tessa einmal gebraucht hatte, war längst vergessen.

Und das ganz besondere Ereignis trat ein an einem frühwinterlichen Morgen, als Franzi ihr erstes Ei legte, ein großes, weißes Ei.

»Eine gute Legehenne kann es auf 300 Eier im Jahr bringen«, sagte Viktor mit dem Stolz eines erfolgreichen Vaters und berief sich auf die Information aus dem Internet, Schlagwort Hühner/ Fleisch- und Legerassen. »Weißt du auch, was das für unseren Haushalt bedeutet, Tessa? Jährlich 300 frische Frühstückseier – für mich natürlich! Ich muss sagen, meine Investitionen haben sich gelohnt.«

Ob diese Behauptung unwidersprochen blieb, ist nicht bekannt.

Bekannt ist dagegen, dass die Institutssekretärin ohnehin schon immer die Antwort weiß, wenn sie zu Ferienbeginn fragt: »Und wohin geht die Urlaubsreise, Herr Dozent?«

»Ach, wissen Sie, wenn man in einer landschaftlich so schönen Gegend lebt ...«

Also bleiben sie wieder daheim wegen der dummen Hühner, denkt sie und lächelt dabei säuerlich, wie gewohnt.